Warum NABOKOV HARRY POTTER *gemocht hätte*

MICHAEL MAAR

Warum NABOKOV HARRY POTTER *gemocht hätte*

BERLIN *Verlag*

Umschlaggestaltung:
Nina Rothfos und
Patrick Gabler, Hamburg
Gesetzt aus der Caslon
durch psb, Berlin
Druck & Bindung:
GGP Media, Pößneck
Printed in Germany 2002
ISBN 3-8270-0454-3

INHALT

I. DER STEIN DER WEISEN

Reisende im Zug 11
Eulen in der Luft 13
Schwebende Kerzen 19
Zwei Viertel der Welt 25
Die Wronski-Szene und palmierte Knoten 29
Die erstaunte Schönheit 33

II. DIE KAMMER DES SCHRECKENS

Signierstunde mit Gilderoy 41
In der Galerie 44
Schlamm zu Schlamm 48
Salazars Kammer 51
Verwandlungen für Anfänger 53
Mugglekunde 56
Christophorus und die Große Schlange 58
Zwei Köpfe auf einem Hals 61
Dobbys Socke und die Wahrheit
über die Hauselfen 65

III. DER GEFANGENE VON ASKABAN

Nach Ägypten 71
Böse Omen und Serotonin 74
Der Verräter als Freund 76
Die silberne Kugel 78
Kreuzworträtsel im Verlies 80
Lichtblitze 82
Wandernde Pünktchen 84
Die umgedrehte Sanduhr 86
Das glühende Schwert 89

IV. DER FEUERKELCH

Der Gärtner Frank 95
Das unsichtbare Reich 99
Uranus 103
Barty Crouch, Vater und Sohn 106
Verbotene Flüche 111
Dracula, nach Homer 114
Warum Nabokov Harry Potter gemocht hätte 119

V. DER TAGESPROPHET

Entnebelung der Zukunft 129
Schattenarmeen und der goldene Schnatz 133
Riesenprobleme 137

Malfoy, Percival, Neville 140
Dumbledores Triumph 144
Der Feind daheim 147
Das Muster des Phönix 149
Python und Löwe 153

ANHANG
ANMERKUNGEN 159
TAFEL DER FIGUREN, ORTE UND
MAGISCHEN HILFSMITTEL 167
DANK 187

1. DER STEIN DER WEISEN

REISENDE IM ZUG

Der schönste Roman Vladimir Nabokovs beginnt mit einer Zugfahrt. Ein älterer Reisender sitzt in einem Eisenbahnwagen, der ihn unerbittlich von seinem Ziel entfernt. Wir Leser wissen schon, was er noch nicht ahnt: Professor Pnin befindet sich im falschen Zug. Der Irrtum führt dazu, daß sich Pnin in einer fremden Stadt erschöpft auf einer Parkbank niederläßt. Dort hat er eine plötzliche Vision. Professor Pnin sinkt zurück in seine Vergangenheit und sieht sich als elfjährigen Jungen.

Eine Zugfahrt mit Vision steht auch am Anfang eines Lebensromans, der inzwischen berühmt geworden ist. Die junge Frau sitzt im richtigen Zug, als sie an einem Juniabend des Jahres 1990 von Manchester nach London fährt.

> *Plötzlich kam diese Idee aus dem Nichts, und wenn eine Idee gut ist, dann spüre ich das körperlich, springt mir das Herz im Leibe.*
> *– Was war das Allererste, was Ihnen einfiel?*
> *Zaubererschule. Gleichzeitig spazierte dieser kleine schwarzhaarige Junge in mein Hirn, und da war diese grundlegende Tatsache, daß er nicht wußte, was er war.*

Daß der Junge nicht wußte, was er war, ist das eine. Viel

merkwürdiger aber: die Autorin in ihrem Zugabteil wußte nicht, warum er es nicht wußte. Und das Merkwürdigste – er trug ein Zeichen auf der Stirn, aber sie hatte noch keine Ahnung, warum. Sie mußte es erst noch herausfinden. *It was like research.*

Spätestens dieser letzte Satz hätte Nabokov aufhorchen lassen. Joanne K. Rowling hatte nicht das Gefühl, etwas vollständig zu erfinden. Anders ausgedrückt, sie hatte das Gefühl, etwas bereits Existierendes nachzubilden oder ihm hinters Geheimnis zu kommen.

Genau dieses Gefühl war Nabokov bekannt. Er bitte darum, nicht mit Plato verwechselt zu werden, für den er nichts übrig habe, aber er glaube:

> *ich glaube, in meinem Fall ist das ganze Buch, bevor es geschrieben ist, tatsächlich als Idee in einer anderen, mal klaren, mal verschwommenen Dimension schon fertig, und meine Aufgabe ist es dann, so viel davon herunterzuholen, wie ich erkennen kann und so genau es mir menschenmöglich ist.*

Es ist die erste, aber nicht die einzige Gemeinsamkeit, die der große russisch-amerikanische Schriftsteller mit der Autorin teilt, die nicht wissen konnte, was der durch ihr Hirn spazierende Junge alles auslösen würde. Er wird berühmt werden – es werden Bücher über ihn geschrieben werden – »jedes Kind in unserer Welt wird seinen Namen kennen!« – so prophezeit es zwar eine Hexe auf den ersten Seiten des Werks, das 1996 in einer Auflage von fünfhundert Exemplaren erschien. Daß es in absehbarer Zeit zweihundert Millionen Leser sein werden, die diese riskante Prophezeiung zu einer Tatsache machen, hätte sich Joanne K. Rowling aber auch bei längeren Zugreisen nicht träumen lassen. *Harry Potter* ist der fulminanteste Bucherfolg der Geschichte. Das ist das kleinere Wunder. Das größere: er hat es verdient.

Äußerer Erfolg stimmt Literaten eher mißtrauisch, als daß er sie besticht. Sollte Rowling die schöne Ausnahme von einer Regel sein, die man so bedrückend oft bestätigt fand? Der Leser möge es beurteilen, nachdem er uns über vier Bände lang – wenn nicht sogar noch etwas länger – auf den Spuren des Jungen begleitet hat, dessen Lebensweg mit elf Jahren eine dramatische Wendung nimmt.

EULEN IN DER LUFT

Besser kann man gar nicht anfangen. Vernon Dursley, ein bulliger Mann mit viel Schnurrbart und wenig Hals, verläßt sein Haus im Ligusterweg und macht sich auf den Weg zur Arbeit; er ist Direktor einer Firma, die Bohrmaschinen herstellt. Im Vorgarten sitzt eine Katze, die ein Straßenschild liest – Vernon korrigiert sich: die auf ein Straßenschild blickt. Eine Menge smaragdgrün gekleideter Menschen sind unterwegs, wie Mr Dursley, als er im Stau steht, zu seinem Mißfallen bemerkt. Als er sich in der Mittagspause einen Krapfen holt, begegnet er wieder diesen merkwürdigen Gestalten, und diesmal schnappt er aus einem Gesprächsfetzen den Namen »Harry Potter« auf. Potter – so heißt die verheiratete

Schwester seiner Frau Petunia, mit der sie vor vielen Jahren den Kontakt abgebrochen haben. Nicht einmal ihr Name darf vor Petunia erwähnt werden. Hieß ihr Baby nicht Harry? Es müßte ungefähr ein Jahr alt sein, genau wie Vernons eigener Sohn, der knuddelige Dudley. Mr Dursley versucht, den Gedanken an die Potters zu verscheuchen, aber als er beim Verlassen seines Büros von einem violett gekleideten kleinen Herrn umarmt wird, der ihm mitteilt, heute sollten sogar Muggles feiern, denn endlich sei *You-Know-Who* von ihnen gegangen, wird ihm doch wieder mulmig. Die Abendnachrichten melden überall in England unerklärliche Eulenschwärme und Sternschnuppen. Mr Dursley fragt vorsichtig bei Petunia an, ob sie in der letzten Zeit zufällig etwas von ihrer Schwester gehört habe? Petunia will nichts davon wissen, die Dursleys legen sich zu Bett. Im Vorgarten dagegen ist man noch hellwach.

Ein hagerer alter Mann in purpurrotem Umhang ist aus dem Nichts erschienen. Er spricht mit der Frau, in die sich die Katze verwandelt hat. Sie scheint etwas ungehalten: Muß man denn gleich so feiern, daß alle Muggles es merken? Gewiß, es ist der erste Grund zu feiern seit elf Jahren. Gleichzeitig natürlich furchtbar traurig – man denke nur, die Potters! Ein Motorrad kommt aus dem Nachthimmel angeflogen, ein Riese steigt ab und überreicht dem Herrn im Umhang ein kleines Bündel. Zusammen mit einem Brief wird es vor die Haustür der Dursleys gelegt, Tränen werden abgewischt, und Festlichkeiten branden hoch. Der Knabe lebt! Ende des ersten Kapitels.

Zweites Kapitel, zehn Jahre später: Harry Potter erwacht

in dem Schrank, der sein Zimmer ist, und wird von Tante Petunia mit schriller Stimme zum Frühstückstisch gerufen. Der schmale Junge mit einer blitzförmigen Narbe auf der Stirn hat die ganzen zehn Jahre bei den Dursleys verbracht. Sie sind seine Stiefeltern, und selbst das Märchen kennt kaum üblere. Höchstens bei Charles Dickens fände man noch Figuren, die ihnen das Wasser reichen können. Herr Dursley verstände sich prächtig mit Herrn Murdstone, dem Stiefvater David Copperfields. Und Harry hat neben den Stiefeltern auch noch einen Stiefbruder: den von seinen Eltern verhätschelten Dudley, dem das physiognomische Wunder gelingt, gleichzeitig einem Gorilla und einem Schwein zu ähneln. Was nicht darüber hinwegtäuschen kann, daß er moralisch weit unter beiden rangiert.

Der Anlaß für solche Vergleiche bietet sich Harry, als er an Dudleys Geburtstag ausnahmsweise die Familie in den Zoo begleiten darf – es ist ein Notfall, die alte Dame, bei der er sonst abgestellt wird, hat sich ein Bein gebrochen. Widerwillig nehmen die Dursleys ihn mit, und sie haben allen Grund, es zu bereuen. Nicht, daß es das erste Mal wäre; Harry hat schon öfter exotischen Ärger gemacht. Einmal wachsen ihm über Nacht die kurzgeschorenen Haare nach, ein andermal findet er sich auf dem Dach der Schulküche wieder, obwohl er nur zu einem kleinen Sprung angesetzt hat. Diesmal aber ist es der Eklat: Im Reptilienhaus verschwindet plötzlich die dicke Glasscheibe vor der Boa constrictor, nachdem Harry unzweifelhaft Blicke und Worte mit ihr gewechselt hat. Dudley wird von der entweichenden Schlange zwar nur gestreift, aber sein Gezeter schreit zum Himmel. Harry büßt mit ausgedehntem Schrankarrest. Nicht lange aber, und auch ihn weht die Luft der Freiheit an.

Denn es geschieht etwas Ungewöhnliches: Harry bekommt Post. Er hat keine Verwandten und keine Freunde, doch da liegt ein Umschlag aus Pergament, und die smaragdgrün geschriebene Adresse lautet unmißverständlich: »Mr H. Potter, Im Schrank unter der Treppe, Ligusterweg 4«. Offenbar weiß jemand über die delikaten Wohnverhältnisse im Hause Dursley Bescheid. Bevor Harry ihn lesen kann, reißt Vernon Dursley ihm den Brief aus der Hand, überfliegt die ersten Zeilen und nimmt die Farbe von Haferschleim an.

Harry wird angewiesen, aus dem Schrank in ein kleines Zimmer zu ziehen, was nicht heißt, daß die Stimmung zu seinen Gunsten umgeschlagen ist. Sie wird im Gegenteil stündlich gereizter. Vernon hat den Wind gesät, jetzt erntet er den Sturm. Den ersten Brief hat er verbrannt, am nächsten Tag kommt ein weiterer, mit der korrekten neuen Adresse: »Mr H. Potter, Das kleinste Schlafzimmer.« Als tags darauf gleich drei mit grüner Tinte beschriftete Briefe eintreffen, nimmt Vernon sich frei und nagelt den Briefschlitz zu. Am nächsten Morgen ragen zwölf Briefe durch alle Türspalten, am übernächsten gelangen vierundzwanzig zusammengerollte Briefe im Innern von zwei Dutzend Eiern ins Haus. Es ist wie im Märchen vom süßen Brei: die Post ist nicht aufzuhalten, sie überschwemmt das Haus durch den Kamin, und selbst als Vernon die Familie ins Auto packt und nach einer Zickzackfahrt in einem entlegenen Hotel übernachtet, warten pünktlich zum Frühstück hundert Briefe für »Mr H. Potter, Zimmer 17, Hotel zum Bahnblick« an der Rezeption.

Vernon Dursley greift zum letzten Mittel. Er zwingt seine bleichen Lieben samt Harry, in einem Boot auf eine kleine Insel überzusetzen. Sie ist nicht viel gemütlicher als der Stein des Gregorius, aber Vernon hat beste Laune, weil er sich vor Postzustellung sicher glaubt. In der nach Seetang stinkenden, frostigen Hütte, beim Verzehr von Vernons Notration aus Bananen und Cräckern, denkt Harry resigniert daran, daß um Mitternacht sein elfter Geburtstag anbricht. Sturm zieht auf, Harry kann nicht einschlafen und zählt die Minuten. Um Punkt zwölf hämmert es an der Tür, beim dritten Schlag springt sie splitternd aus den Angeln.

Ein Riese tritt in die Hütte und zieht aus seinem schwarzen Umhang einen Schokoladenkuchen mit der Aufschrift »Happy Birthday Harry«. Ein Wink, und ein Feuer ist entfacht, auf dem der Riese ein paar Würstchen brutzelt, während die Dursleys auf dem Sofa versteinern. Pardon, er hat sich nicht vorgestellt: Hagrid, Hüter der Schlüssel und Ländereien von Hogwarts. Was, der Name »Hogwarts« sagt Harry nichts? Die Dursleys drücken sich noch enger an die Wand. Der Riese muß sich doch sehr wundern. Es wird Zeit, daß Harry seinen Brief bekommt, den Hagrid ihm mit akkurater Anschrift (»Mr H. Potter, Der Fußboden, Hütte auf dem Fels«) endlich persönlich aushändigt.

Sein Inhalt: die offizielle Einladung in die berühmte Zaubererschule Hogwarts. Die Schule beginnt am 1. September, beiliegend eine Liste aller benötigten Bücher und Ausrüstungsgegenstände. Der Briefkopf weist den Schulleiter als Albus Dumbledore aus – der Herr im Purpurumhang, der Harry als Baby vor die Tür der Dursleys gelegt hatte, mit einem Begleitschreiben, das Harry nie zu Gesicht bekam. Die Dursleys wußten all die Jahre, was er erst jetzt erfährt: Harry ist ein Zauberer.

Hagrid kann es nicht fassen: Harry weiß nicht, was Muggles sind – Nicht-Magier wie die Dursleys –, er weiß nicht, daß er in der Zaubererwelt berühmt ist, er weiß nicht, was es mit seinen Eltern auf sich hat. Man hatte ihn glauben lassen, sie seien bei einem Verkehrsunfall ums Leben gekommen! Mit vielem hat der Riese gerechnet, aber nicht mit solcher Perfidie. Den Haßausbruch Frau Dursleys gegen ihre Schwester, die eine Mißgeburt gewesen sei, überhört er noch, aber als Herr Dursley es wagt, seinen verehrten Rektor Dumbledore zu beleidigen, verliert Hagrid die Beherrschung; er zückt seinen Regenschirm, es blitzt violett, und aus Dudleys Hose ringelt sich ein Schweineschwänzchen.

Davor mußte der Riese, schweren Herzens und stockend, dem Jungen seine Herkunft entdecken. Harrys Eltern waren Zauberer, die besten ihrer Generation. Sie wurden Opfer des Mannes, der vor zwanzig Jahren zum bösen Schwarzmagier geworden war. Seinen Namen nimmt man nur ungern in den Mund, lieber umschreibt man ihn – *You-Know-Who*, nun denn, er heißt Voldemort. Furchtbare Zeiten, als er rasch an Macht und Anhängern gewann und seine Gegner in großer Zahl umbrachte; Zeiten, in denen man niemandem trauen konnte. Nur in Hogwarts war man halbwegs sicher vor ihm, weil er Angst hatte vor Dumbledore, dem stärksten Zauberer der weißmagischen Welt.

Und endlich erfährt Harry den Grund seines Ruhms. Voldemort hatte die Potters in ihrem Dorf gefunden und getötet. Doch dann geschah das Unerklärliche. Auch das Baby wollte er töten, und ausgerechnet da versagte seine Macht. Auf geheimnisvolle Weise gelang es dem Säugling, den tödlichen Fluch zu überleben. Das Baby hat nicht nur überlebt, es hat, noch geheimnisvoller, den Angreifer so verheerend geschwächt, daß er seither verschwunden ist – ob tot, ob verborgen, weiß niemand genau. Das einzige, was an den tödlichen Angriff erinnert, ist die feine Narbe auf Harrys Stirn.

SCHWEBENDE KERZEN

Am nächsten Morgen bringt Hagrid seinen Schützling im Boot zur Küste und anschließend im Zug nach London, wo er ihn in das Zauberer-Pub »Zum Tropfenden Kessel« einführt, in dem Harry erkannt und überschwenglich begrüßt wird. Eine Backsteinmauer im Hinterhof öffnet sich auf die Winkelgasse, in der Harry seine Schulausstattung erwerben kann: Spitzhut, Winterumhang, Kessel (Zinn, Normgröße 2), Lehrbücher wie *Verwandlungen für Anfänger* oder *Dunkle Kräfte: Ein Kurs zur Selbstverteidigung*. Mit der nötigen Barschaft wird er in der von Kobolden geführten Bank Gringotts versorgt, in deren unterirdischen Tresorräumen das Vermögen seiner Eltern liegt – riesige Haufen von Gold- und Silbermünzen in Sickel, Knut und Galleonen, die Harry zu einem reichen Erben machen und über deren Herkunft die Autorin sich vier Bände lang in aufreizendes Schweigen hüllt.

Der wichtigste Einkauf steht Harry noch bevor, und auch

er weist auf Geheimnisse in der Vergangenheit. Bei Ollivander (»Gute Zauberstäbe seit 382 v. Chr.«) wählt er sich einen Zauberstab aus, das heißt genauer: läßt er sich von einem Zauberstab auswählen, denn es ist der Stab, der sich seinen Träger sucht. Alle Modelle, die Herr Ollivander ihm anbietet, liegen Harry wie tot in der Hand, bis endlich der richtige kommt, der schon bei der ersten Berührung rote und goldene Funken sprüht. Er ist aus Stechpalme, mit einem Kern aus Phönixfeder – äußerst sonderbar ... Ollivander erinnert sich an jeden einzelnen Zauberstab, der bei ihm über die Theke gegangen ist. Von jenem Phönix gab es insgesamt nur zwei Federn, und die andere steckt in dem Stab, der Harrys Narbe verursacht hat. Ollivander hatte ihn einst an Voldemort verkauft.

Der zweite Hauch aus dunkler Sphäre weht Harry beim Kauf seiner Schuluniform an. Er macht die Bekanntschaft eines herablassenden Schnösels, den er vom ersten Moment an nicht ausstehen kann: Draco Malfoy, Sohn des Lucius Malfoy, eines Aristokraten der Zaubererwelt, der lange ein Anhänger Voldemorts war. Nur weil er nach dessen Untergang rasch zur weißen Seite zurückwechselte, konnte Malfoy den Ruf seiner alten und mächtigen Familie retten, aber Hagrid hält sie, wie er später in seinem schönen West Country-Akzent erklären wird, für »rotten ter the core«.

Als Geburtstagsgeschenk bekommt Harry von Hagrid noch eine Schnee-Eule geschenkt, dann muß er zu den verstörten Dursleys zurück, die ihn einen Monat lang wie Luft behandeln. Endlich kommt der Tag der Abreise, Vernon nimmt ihn mit nach London, wo sich Dudley vor Schuleintritt einer kleinen kosmetischen Operation unterziehen muß, und Harry besteigt in King's Cross auf dem Bahngleis Neundreiviertel den Dampfexpreß nach Hogwarts. Seine Narbe verhindert, daß er unerkannt bleibt. Zwei rothaarige Brüder, offenbar Zwillinge, starren ihm neugierig nach, und ihr jüngerer Bruder, der im Abteil mit Harry sitzt, fragt ihn über das Aussehen von *You-Know-Who* aus. Mit ihm, Ron Weasley, freundet sich Harry rasch an. Sie gestehen einander ihre Sorgen und teilen sich die von Harry finanzierten Schokofrösche und Bohnen aller Geschmacksrichtungen, die nach Erdbeere, Sardine, Gras, Pfeffer oder Ohrenschmalz schmecken können. Ein kleinerer Schüler, Neville Longbottom, der von seiner Oma an den Zug begleitet wurde, sucht verheulten Gesichts nach seiner Kröte. Eine andere Erstkläßlerin kommt mit Neville in Harrys Abteil: Hermione Granger, die Harry berichten kann, daß er in der *Geschichte der modernen Magie* sowie in der *Großen Chronik der Zauberei im zwanzigsten Jahrhundert* aufgeführt sei.

Hermione, mit ihrem Namen aus Shakespeares *Wintermärchen*, ist die einzige Leserin in *Harry Potter*; schon darum eine hervorgehobene Figur. Sie verschlingt Bücher, sie ist verschlossen, streberhaft, besserwisserisch und eine Nervensäge: ein Selbstportrait, wie die Autorin erklärt, die mit elf Jahren genauso gewesen sei, nur weniger klug. Auf den zweiten Blick ist Hermione nicht nur scharfsinnig – die Scharfsinnigste von allen –, sie erweist sich auch als moralisch wache, treue und mutige Freundin, ohne deren Hilfe Harry sich schon bald das Genick brechen würde.

Die Gegenpartei reist natürlich ebenfalls im Hogwarts-

Expreß. Draco Malfoy erscheint in Harrys Abteil, zusammen mit zwei stämmigen Leibwächtern. Er warnt Harry davor, sich mit Gesindel wie Hagrid oder den Weasleys abzugeben. Fast kommt es zu einem ersten Handgemenge, bis Rons Ratte aus ihrer Lethargie erwacht und das Trio durch einen Biß vertreibt.

In Hogwarts erwartet sie Hagrid am Bahnhof. Die neuen Schüler folgen ihm auf einem abschüssigen, schmalen Pfad, der sie an das Ufer eines schwarzen Sees führt. Auf der anderen Seite sehen sie und wir zum ersten Mal Hogwarts, das gewaltige Schloß:

> *Perched atop a high mountain on the other side, its windows sparkling in the starry sky, was a vast castle with many turrets and towers.*

Hätten wir die Möglichkeiten Dumbledores, würden jetzt auf einen Wink des Zauberstabs hin alle *t* dieses Satzes grün blinken, und abwechselnd damit lampiongelb die *s*, damit dem Leser die schönen Assonanzen-Ketten als Lichterkranz vor Augen stünden. In der deutschen Fassung muß sich der klangliche Reiz verlieren, selbst wenn der langfließende Rhythmus dieses Satzes zu retten ist, der uns wenigstens eine Ahnung davon vermitteln soll, wie nuanciert und durchgeformt Rowlings Sprache sein kann.

Hier also, auf dem Gipfel eines hohen Berges hockend, erwartet sie das Schloß, zu dessen Fuß sie in kleinen Booten gleiten und in dem Harry die nächsten sieben Schuljahre verbringen soll. Am Ende des siebten und letzten Bandes wird er ein junger Erwachsener sein. Noch aber ist er elf und starken ersten Eindrücken ausgesetzt. Selbst für einen Zwölfjährigen wäre es etwas viel. Hausgeister – bitte sehr, aber einer darunter kann auch noch seinen Kopf herunterklappen! Ein Poltergeist namens Peeves ist ein Bursche von glitzernd gefährlicher Albernheit und Schadenfreude. Nur einer kann ihn bändigen, und auch dem würde man keinen gebrauchten Besen abkaufen: der *Bloody Baron*, ein Hausgeist mit stierem Blick, der mit silbrigem Blut bekleckert ist. Nicht angenehm auch der Hausmeister des Instituts, Mr Filch, der Schüler als seine natürlichen Feinde ansieht und nur mit seiner Katze Mrs Norris eine unnatürlich enge Beziehung pflegt.

Wer glaubt, das Lehrpersonal könnte für die Entourage entschädigen, sieht sich getäuscht. Der Professor für Zaubertränke, Severus Snape, läßt keinen Zweifel daran, daß er Harry vom ersten Moment an haßt. Dessen Narbe schmerzt sofort bei seinem Anblick, was sie nur bei Gefahr oder in Voldemorts Nähe tut – schlimmes Zeichen, entweder für Snape oder für die Autorin, falls sie mit den bösen Signalen allzu großzügig verfährt.

Hat Snape immerhin noch fachliche Kompetenz, so ist Professor Quirrell eine klare Niete. Eigentlich soll er den Kindern die Verteidigung gegen die dunklen Künste beibringen, ist aber selber wie Espenlaub, verschüchtert und stotternd – der früher brillante Kopf habe im Schwarzwald Vampire getroffen, heißt es, seitdem sei er nicht mehr der alte. Daß ein beständiger Knoblauchgeruch von ihm ausgeht, macht seine Gesellschaft nicht anziehender. Er mag vornehm aussehen mit seinem hohen Turban, eine Autorität ist Quirrell nicht.

Ganz anders dagegen Minerva McGonagall, die wir schon als Katze im Garten des Ligusterwegs kennengelernt haben. Als Lehrerin ist sie streng, aber gerecht. Mit der Strenge hat es unter Dumbledore allerdings seine eigene Bewandtnis, wie man hier vorausschicken darf. Alles, was den Kindern gelingen wird, gelingt nur, weil sie Regeln übertreten. Hielten sie sich immer an die Vorschriften, stünde Hogwarts im Lauf der nächsten Bände vor einer Serie von Desastern. Wenn im zweiten Band die Kammer des Schreckens geöffnet wird und mysteriöserweise alle Spinnen in den Verbotenen Wald davonkrabbeln – was bleibt Harry da übrig, als der Spur zu folgen, unter Mißachtung des Verbots? Niemand will die Gesetze abschaffen, auch er nicht, aber es gibt Fälle, in denen man sich über sie hinwegsetzen muß. Minervas Hauptaufgabe besteht vielleicht darin, so zu tun, als wäre nicht genau dies das heimliche Erziehungsziel.

Am Anfang dieser Lehrjahre, denen er mit gemischten Gefühlen entgegenblickt, steht das von Harry gefürchtete Aufnahmeritual. Die Debütanten werden in einem riesigen, von schwebenden Kerzen beleuchteten Saal den vier Häusern zugeordnet: Hufflepuff, Ravenclaw, Gryffindor oder Slytherin – Namen, die heute jedes Kind kennt. Nicht Dumbledore oder ein Grundschulzeugnis entscheidet über die Zuordnung, sondern ein abgenutzter Hut, der jedem Kandidaten aufgestülpt wird. Der Sprechende Hut durchleuchtet dessen geistig-seelische Beschaffenheit und spuckt nach kürzester Zeit die Antwort aus: Die ehrlichen Häute kommen nach Hufflepuff, die Gelehrsamen nach Ravenclaw, die klugen Löwenherzen nach Gryffindor, die schlau Verschlagenen nach Slytherin – ungefähr so. Harry landet zur Freude der Weasleys bei ihnen in Gryffindor.

Anschließend findet das feierliche Bankett statt, bei dem Dumbledore eine kleine Tischrede hält. Er gibt die üblichen Hinweise zur Hausordnung: Mr Filch erinnere daran, daß in den Pausen auf den Gängen nicht gezaubert werden darf. Die Quidditch-Auswahl finde in der zweiten Woche des Schuljahres statt. Nicht zu vergessen: das Betreten des Korridors im dritten Stock, der in den rechten Flügel führe, sei allen verboten, die nicht eines sehr schmerzhaften Todes sterben wollen.

ZWEI VIERTEL DER WELT

Von jetzt an ist klar: Wir sind in einem Spiel, aber in einem ernsten. Endgültig gestorben wird erst drei Bände später, aber dann hört das Sterben nicht mehr auf. Von jetzt an ist auch das Spannungsfeld gelegt: Die eine Bedrohung kommt von außerhalb, von Harrys Gegenspieler Voldemort. Die andere Bedrohung aber kommt aus Hogwarts selbst. Auch da, wo man sich unter den Guten glaubt, ist das Böse; und wer weiß, vielleicht gilt das auch umgekehrt. Auf klare Grenzverläufe ist jedenfalls kein Verlaß.

Unterirdisch beginnt das Wanken dieser Grenzen früher, als man ahnt. Auf der Oberfläche zeigen sich die Verwerfungen zum ersten Mal, als es bei der Hauszuweisung zu einer kleinen Stockung kommt. Harry sitzt ungewöhnlich lange unter dem Sprechenden Hut. Zu seiner Bestürzung deutet ihm die Stimme an, er sei ein geradezu idealer Kandidat für Slytherin. Wie? Hatte ihm Hagrid nicht kurz zuvor erklärt, alle Zauberer, die böse geworden seien, allen voran der Mörder seiner Eltern, stammten aus dem Haus Slytherin? Ist nicht Draco Malfoy aus Slytherin, und ist deren Hauslehrer nicht der finster glühende Severus Snape? Aber der allwissende Hut läßt keinen Zweifel daran: Harry wäre geeignet für die dunkle Seite.

Eine Überraschung ist das nur auf den ersten Blick. Wenn man die Welt dieses Buches in ihre Hemisphären aufteilt, zerfällt sie in die der Muggles und die der Magier. Das Zaubereiministerium hat die Aufgabe, die eine Hemisphäre vor der anderen zu schützen und die Existenz der Magierwelt vor den Muggles möglichst geheimzuhalten. Die Welt der Magier zerfällt noch einmal in zwei Hälften, die der Weißmagier und die der Schwarzmagier. Harry Potter hat als einziger an allen Welten teil. Er ist Zauberer, wächst aber bei Muggles auf, er ist Weißmagier, aber durch die Narbe von der schwarzmagischen Welt gezeichnet. Wie sollte es da bei Fragen der Zuordnung nicht zu kleinen Irritationen kommen? Harry, der alles in sich trägt, könnte auch alles werden. Aber er trifft eine Entscheidung, und damit setzt er sich über alle Einflüsterungen hinweg. Er bittet den Sprechenden Hut, ihn nicht nach Slytherin zu schicken. Als sich später die Indizien dafür häufen, daß ihn mehr mit diesem Haus verbindet, als ihm lieb sein kann, tröstet ihn der Rektor: Selbst wenn Harry seiner Anlage nach Voldemorts bester Schüler hätte werden können, wollte er doch nach Gryffindor; was ihn auszeichnete, war die freie Wahl.

Die freie Wahl als Ankerpunkt der Ethik weist auf einen ersten Unterschied zu Tolkiens *Herr der Ringe* hin, mit dem *Harry Potter* oft verglichen wird. Könnte sich Frodo frei entscheiden, ob er eher zu Gandalf oder eher zur Seite Saurons neigt? Zugegeben, am Ende gerät er ins Schwanken, durch allzu langen Einfluß des Rings. Aber Mittelerde ist die Welt des Naturgesetzes und des Gehorsams, nicht die der freien Wahl. In Tolkiens Kosmos geht es phantasielos zu, was die moralischen Fixsterne und Trabanten betrifft. Schon der frühe und empfängliche Tolkien-Leser W. H. Auden bekannte ein gewisses Unbehagen daran, daß im *Lord of the Rings* die Trolle und Orks ohne Ansehen der Einzelperson allesamt und unabänderlich böse seien. In der Tat, bei Tolkien muß man nicht zweimal raten, wer auf der Seite der Bösen oder der Guten steht. Bei Rowling gibt es immer wieder Überraschungen.

Sie selbst hat eine Überraschung erlebt, als sie den ersten Band *Harry Potter* schrieb. Das Genre Fantasy war ihr immer fremd. Den *Lord of the Rings* las sie mit vierzehn, aber es kam ihr lange nicht in den Sinn, daß sie mit dem eigenen Buch ins gleiche Gebiet fallen könnte. Erst nach zwei Dritteln geriet sie plötzlich ins Stutzen: »This has got unicorns in it. I'm writing fantasy!« Das klingt nach dem Wilderer, der, mit geschultertem Reh vom Förster ertappt, den Kopf wendet und ausruft: Huch, ein Viech! Aber Rowling ist es damit ganz ernst. Es gibt nicht nur Einhörner in *Harry Potter*, es gibt auch Zentauren, Trolle, Drachen und Elfen, es gibt Tarnkappen, Wahrheitstränke, Excalibur-Schwerter und magische Spiegel. Keines dieser Wesen oder Hilfsmittel ändert etwas daran, daß Harry mit dem Genre, das Tolkien geschaffen hat, innerlich wenig gemeinsam hat. Tolkiens Trolle leben in Mittelerde im Dritten Zeitalter. Rowlings Zauberer machen ihre Einkäufe im London von 1991.

Noch fremder als Tolkiens Auenland ist Rowling die Internatswelt einer Enid Blyton, mit der sie ebenfalls öfter verglichen wird; eine Welt, gegen die das Auenland als Produkt des krudesten Realismus erscheint. Natürlich gibt es auch in *Harry Potter* die Schulmahlzeiten, die fairen und die gefürchteten Lehrer, die Freundschaftsdramen, die bebrillte Außenseiterin und selbst den Hauch Frankophobie. Vielleicht ist es sogar eine kleine Reverenz, wenn Joanne Rowling eine »Großtante Enid« durchs Buch huschen läßt. Länger als einen Tag aber hätte es Großtante Blyton in Hogwarts nicht ausgehalten; und bei ihrer Abreise hätte man erleichterte Stoßseufzer gehört. Ronald Tolkien hätte, wie wir befürchten müssen, erst gar keinen Fuß an den frivolen Ort gesetzt.

Joanne Rowlings Lieblingsromane stehen in den Buchhandlungen nicht unter der Rubrik »Kinderliteratur« oder »Fantasy«; so wenig, wie man *Harry Potter* dort aufstellen sollte. Ihre Favoritin ist eine Klassikerin. Rowling schätzt ihren Sinn für Komik, und mehr noch etwas anderes:

> *Was die Konstruktion betrifft, so lege ich auch als Leserin einigen Wert darauf. Jane Austen war die absolute, unerreichte Meisterin der Konstruktion. Ihre Romane entwickeln sich völlig nahtlos, erst wenn Sie zurückblättern, um nachzusehen – wie ich das, ich weiß nicht wie oft, getan habe –, sehen Sie, wie raffiniert das konstruiert ist.*

Beim Lesen merken Sie nicht, wie Ihr Blick mal hier-, mal dorthin gelenkt wird.

Nicht Teekränzchen, Landpartien, heimliche Verlobungen reizen Joanne Rowling bei ihrer Lieblingsautorin. Ihr Augenmerk gilt der Webart, nicht dem Stoff. Das Studium hat sich gelohnt. Dieser Elevin hätte die Meisterin sich nicht geschämt.

DIE WRONSKI-SZENE UND PALMIERTE KNOTEN

Bald nach Dumbledores Tischrede gerät Harry Potter zum ersten Mal in Lebensgefahr. Er hat sich als Wunderkind im Mannschaftssport Quidditch erwiesen und beherrscht die Kunst, auf einem Besen in zwanzig Metern Höhe einem davonschwirrenden Ball hinterherzujagen, als hätte er seinen Lebtag nichts anderes getan. Professor McGonagall, die Hauslehrerin Gryffindors, sieht die Chance, daß ihr Team endlich einmal wieder den Schulpokal gewinnt. Harry wird der jüngste *Seeker* seit einem Jahrhundert und übertrifft alle Erwartungen. Doch mitten im Match macht sein *Nimbus Zweitausend* plötzlich einen Ruck und beginnt zu bocken. Harry kann ihn nicht mehr steuern, wird abgeworfen und hängt nur noch mit einer Hand am Besenstiel in der Luft. Ein Stöhnen geht durch die Zuschauermenge: jeden Augenblick kann Harry zu Tode stürzen. Ron ist grau vor Entsetzen, aber zum Glück ist auf Hermiones gleichfarbige Zellen

Verlaß. Sie nimmt sich ein Fernglas, dreht es ins Publikum und sieht, wie Professor Snape, unablässig murmelnd, auf Harry starrt. Die Schulanfängerin weiß genug von schwarzmagischen Machenschaften, um zu begreifen, was das bedeutet. Rücksichtslos bahnt sie sich einen Weg durch die Menge, stößt dabei sogar den Tolpatsch Quirrell über den Haufen und schafft es gerade noch rechtzeitig, mit einem *Incendio*-Zauber Snapes Umhang in Flammen zu setzen. Snape ist abgelenkt, Harry kann wieder fliegen und gewinnt sogar noch Schnatz und Spiel.

Und auch die Autorin hat ihr Spiel gewonnen, das darin besteht, den Leser mit erlaubten Mitteln hinters Licht zu führen. Sie hat es insofern leicht, als sie sich an ihrer eigenen Erfindung orientieren kann. Beim Quidditch gibt es einen besonderen Bluff, die Wronski-Finte, bei der ein Sucher auf seinem Besen in die Tiefe schießt, um den gegnerischen Sucher glauben zu lassen, dort unten sei der goldene Schnatz: der kleine geflügelte, schwer zu erkennende Ball, dessen Fang das Spiel beendet. Kurz vorm Aufprall auf dem Boden zieht der erste Sucher wieder hoch, und während der ihn Verfolgende hart aufschlägt, hat der Trickser alle Zeit der Welt, sich dem Schnatz zu widmen, der nie dort unten war.

In jedem *Harry Potter*-Band gibt es mindestens eine Wronski-Szene, in der die Autorin es mit dem Leser ganz ähnlich macht; eine Szene, in der alles kulminiert, ein rasches Manöver, das uns auf die Spur des Verdächtigen lockt und uns auf dem Boden aufschlagen läßt, den wir für den der Tatsachen halten – während der Geist der Erzählung weiterschwebt und sich in Ruhe um das Finale kümmern kann.

Die Kunst dabei ist, daß der Leser diesem Trick nur folgt, wenn das Manöver eindeutig scheint. Der Gedanke, daß alles ganz anders sein könnte, darf ihm erst gar nicht in den Sinn kommen. Leicht gesagt, aber wie genau setzt sie das ins Werk?

Denken wir an die Technik Jane Austens, auf die Joanne Rowling auch als Leserin – und das muß heißen: erst recht als Autorin – so viel Wert legte. Diese Technik bestand darin, den Blick des Betrachters unauffällig mal hier-, mal dorthin zu lenken. Wie der Zufall es will, ist es eine der Haupttechniken der magischen Kunst. Jeder Zauberer, der auf einem Kindergeburtstag auftritt, lebt von der *misdirection*. Mit ihrer Hilfe wird die Aufmerksamkeit des Betrachters von den heiklen Stellen abgelenkt: der Hand, die etwas verbirgt, oder der logischen Schwäche eines vorgespiegelten Ablaufs. Ein verbreiteter Trick besteht darin, etwas als wichtig hervorzuheben, was eigentlich nebensächlich ist. Dadurch – aber hören wir, bevor wir uns als Laien verheddern, einen professionellen Zauberer:

> *Dadurch wird ein aufmerksamkeitsfreier Raum geschaffen, in dem die »Schmutzarbeit« erledigt werden kann. Ein wichtiges Mittel ist dabei der Blick. Wenn ich einen Gegenstand scheinbar in die linke Hand übergebe – ihn in Wirklichkeit in der rechten zurückbehaltend –, dann muß ich mit meinem Blick die sich fortbewegende linke Hand verfolgen. Die gefährliche rechte Hand bleibt zunächst bewegungslos und wird erst später, wenn die Aufmerksamkeit auf der anderen Hand liegt, auf der ich sie haben*

will, im Aufmerksamkeitsschatten gewissermaßen, aus dem Blickfeld gebracht.

Selbst der berühmteste Magier kann die Freiheitsstatue nur dann verschwinden lassen, wenn er die Blicke des Publikums lenkt. Fast hat es den Anschein, als kenne unsere Autorin David Copperfield nicht nur aus dem Werk von Dickens. Es ist verblüffend, wie genau ihre literarische Technik der des Illusionisten gleicht. Wie er lenkt sie die Blicke durch scheinbar Wichtiges ab, um das wirklich Wichtige im Schatten verschwinden zu lassen. Wie er schafft sie es, den Kern ihrer Intrige zu palmieren – das Fachwort dafür, wenn der Zauberer einen Gegenstand in der Hand so verbirgt, daß er für das Publikum unsichtbar ist. Wie der Magier diesen Gegenstand später wieder hervorzaubern und den Eindruck erwecken kann, er schöpfe ihn aus dem Nichts, so kann Rowling im Finale den Knoten des Plots präsentieren, den wir davor übersehen hatten.

Nicht, daß sie ihn nicht kurz gezeigt hätte. Sie sorgt nur dafür, daß man die entscheidende Mitteilung überliest oder vergißt: Entweder, weil man sie nur für schmückendes Beiwerk hält, oder weil sie an der Vorderseite so einleuchtend motiviert ist, daß eine zweite Motivierung dahinter nicht auffallen kann. Die Glaubwürdigkeit dieses Vordergrundmotivs ist die eigentliche Klippe für den literarischen Zauberer.

Bleiben wir bei Hermione, die sich den Weg durchs Publikum bahnt, um Harry vor dem tödlichen Absturz zu retten. Wir haben das Ziel im Auge, den auf Harry starrenden und Sprüche murmelnden Professor Snape, nicht den Weg dorthin, den wir wie Hermione so schnell wie möglich hinter uns bringen wollen. Und so müssen wir das letzte Drittel des Buches abwarten, um zu erfahren, wie es wirklich war.

DIE ERSTAUNTE SCHÖNHEIT

Beim Besuch in der Gringotts-Bank hatte auch Harrys Begleiter Hagrid einen Auftrag zu besorgen. Aus einem unterirdischen Verlies holt er ein kleines Päckchen für Dumbledore ab. Keine Minute zu früh, denn kurz darauf wird in diesem Verlies eingebrochen – auch andere, mit Schwarzmagie operierende Kräfte sind an dem Päckchen interessiert. Wäre Harry der Titel des Buches bekannt, in dem er sich befindet, wüßte er sofort, daß es womöglich den Stein der Weisen enthält; so braucht er noch eine Weile dafür. Der für seine lebensverlängernde Wirkung berühmte Stein ist die Erklärung für Dumbledores Warnung, daß sich ein Besuch im dritten Stock rapide lebensverkürzend auswirken kann. Dort liegt der Stein der Weisen unter einer Falltür, die ein dreiköpfiger und, wie Filmbesucher wissen, stark geifernder Riesenhund bewacht. Wer an Hagrids früherem Schoßtier vorbeikommt, hat die eigentlichen Aufgaben freilich noch vor sich: einen Abwehrring von magischen Fallen, der den Stein der Weisen vor unberechtigtem Zugriff schützt.

Wer würde für einen solchen Zugriff alles riskieren? Erst als Harry im Wald von Hogwarts Zeuge eines schockierenden Vorfalls wird, bei dem das besagte Einhorn sein Blut lassen muß, geht ihm auf, daß kein anderer das Lebenselixier so unbedingt nötig hat wie Voldemort. Aber Voldemort allein ist nicht in der Lage, in Hogwarts einzudringen, er braucht einen Verbündeten. Harry belauscht Professor Snape bei verfänglichen Gesprächen und ahnt, für welche Nacht der Anschlag geplant ist. Mit Ron und Hermione schleicht er sich an dem Hund vorbei und kämpft sich durch einen vierfachen Ring von Abwehrzaubern, gegen den der Flammenkranz, den Siegfried überwinden muß, die reinste Erquickung ist. Und dann erwartet ihn nicht einmal Brünnhilde, sondern Voldemort. Allerdings nicht in Vollgestalt, zu der dem fast Vernichteten eben der Stein der Weisen fehlt. Voldemort erscheint als häßlicher kleiner Auswuchs auf dem Hinterkopf seines ergebenen Dieners. Bei dem handelt es sich um einen Professor, aber nicht um Severus Snape.

Es ist der verschüchterte Quirrell, nach dessen Turban die Weasley-Brüder mit Schneebällen zu werfen pflegten. Unter diesem Turban beherbergt Quirrell das, was von Voldemort vorläufig übrig geblieben ist: einen giftig zischenden Parasiten, der sich den Lehr- zum Wirtskörper gemacht hat. Dank seinem Jünger steht er kurz vorm Ziel, und nur Harrys Gegenmacht kann ihm noch einmal in die Parade fahren.

Damit klärt sich endlich auch, wer Harry beim Quidditch-Match durch Besenverhexung aus dem Weg schaffen wollte. Es war Quirrell, den Hermione in ihrer Eile über den Haufen rennt und der dadurch sein Opfer für einen Moment aus den Augen verliert, kurz bevor er es zum Absturz gebracht hätte. Professor Snape dagegen murmelt die ganze Zeit Gegenzauber und Abwehrsprüche, um Harry zu retten. Denn siehe, Snape verabscheut Harry zwar, ist aber auf seiner Seite.

Severus Snape ist ein erstes Beispiel für das Changieren der Charaktere, mit dem man bei Rowling rechnen muß. Quirrells Turban ist ein erstes Beispiel für ihre Kunst des Verstecks. Seit Edgar Allan Poes Erzählung über den gestohlenen Brief wissen wir, wo man Brisantes am besten versteckt: dort, wo es jedermann sieht. Der purpurrote Turban ist ein Blickfang und gerade darum unauffällig. Niemand denkt, daß sich etwas hinter oder unter ihm verbirgt. Dabei besteht er, technisch gesprochen, aus einer Stoffbahn, die schlangenförmig zusammengerollt wird; und kennt man die Schlange nicht als Wahrzeichen Slytherins?

Nicht weniger charakteristisch ist das Knoblauch-Motiv. Es macht Quirrell zum leicht abstoßenden, aber auch bedauernswerten Außenseiter; bedauernswert, weil der Verängstigte sich damit offenbar Vampire vom Halse zu halten hofft. In Wahrheit spickt er sich mit Knoblauch, um den fauligen Geruch zu überdecken, der von seinem Implantat ausgeht. Genau das ist Rowlings Kompositionsprinzip, das oft dem der Detektivgeschichte gleicht: Das Vordergrundmotiv überdeckt ein anderes; das in der Luft Liegende überlagert die verräterischen Aromaspuren des Plots.

Mit diesem Plot, der sich für das Wort »Fabel« eingebürgert hat, ist es eine andere Sache, als man gemeinhin denkt. Der Plot steht heute nicht in bestem Ruf. Er gilt als subaltern, als ein Handwerksknecht, der nur nicht klappern und sein Geschäft, mit dem es nicht viel auf sich hat, möglichst geräuschlos erledigen soll; ein Hauself, über den Hinz und Kunz gebieten kann und dem es vor allem nicht einfallen darf, den Herrn bei der eigentlichen, sublimen Arbeit zu stören.

Man muß bis ins erste Drittel des letzten Jahrhunderts zurückgehen, um auf ein gerechteres Bild dieses unterschätzten Faktotums zu stoßen. Der heute nicht mehr sehr bekannte Autor E. M. Forster hat die Meriten des Plots so einfühlsam gewürdigt, wie seither kaum jemand. 1927 hielt der britische Romancier eine Vorlesungsreihe über *Aspects of the Novel.* Was er darin über die Bedeutung der Fabel sagt, liest sich wie die vorweggenommene Beschreibung des *Harry Potter*-Zyklus und der Rowlingschen Kunst.

Indem der Schriftsteller seine Fabel knüpft, erklärt der Vortragende, setzt er bei uns Erinnerungsvermögen voraus, und wir erwarten, daß er keine losen Enden stehen läßt. In der Fabel zählt jede Handlung und jedes Wort; sie sollte damit sparsam wirtschaften:

> *Auch wenn sie sehr verwickelt ist, sollte sie organisch gebaut und frei von totem Ballast sein. Sie mag schwierig oder leicht, sie mag und soll rätselvoll sein, sie darf aber nicht irreführen. Und über ihr, während sie sich entfaltet, schwebt die Erinnerung des Lesers [...]; sie erwägt und ordnet stets alles noch einmal neu, sie sieht neue Fäden, neue Ketten von Ursache und Wirkung, und das Gefühl am Ende (wenn die Fabel fein gearbeitet ist) ist nicht Faden oder Kette, sondern etwas ästhetisch Konkretes –* something aesthetically compact *–, etwas, das der Romancier offen hätte vorweisen können, nur daß es dann niemals schön geworden wäre.*

Das ist das Überraschende und Gerechte an dieser Laudatio

auf den Plot: Im gelungenen Fall entspringt ihm eine eigene Qualität, eine Schönheit, »auf die es der Romancier nie absehen sollte, obwohl er versagt, wenn er sie nicht erreicht«:

> *Sie blickt ein wenig erstaunt, sich da vorzufinden, aber Schönheit muß nun mal ein wenig erstaunt blicken: dieser Ausdruck steht ihrem Gesicht am besten; das wußte schon Botticelli, als er sie meerentstiegen inmitten von Zephiren und Blüten malte.*

Joanne Rowling wird für vieles gelobt; selten für die Schönheit ihres Plots. Aber Forster hat recht. Wenn die Fabel fein gearbeitet ist, entsteht im Geist des Lesers etwas, was nichts mehr mit einer mechanischen Folge von Täuschungen und Enthüllungen zu schaffen hat. Erst am Ende des siebten Bandes wird man den Plot vor sich liegen sehen, *aesthetically compact.* Aber schon jetzt gewinnt er eine eigene ästhetische Qualität. Sie führt dazu, daß der Held dieser Bücher, wenn man es auf die Spitze treiben will, weniger Harry Potter als vielmehr die Handlung ist.

Wir beschatten diesen Helden, wenn wir der Handlung im folgenden dicht auf der Spur bleiben. Das soll uns an keiner Abschweifung hindern, wenn sie sich zwanglos oder zwingend ergibt.

II. DIE KAMMER DES SCHRECKENS

SIGNIERSTUNDE MIT GILDEROY

Zu Beginn des zweiten Bandes lebt Harry wieder bei den Dursleys, wo er seine Sommerferien verbringen muß. Die Luft ist noch dicker als sonst. Die Dursleys wissen nicht, daß ihm die Zauberei außerhalb Hogwarts verboten ist, darum liegen ihre Nerven bloß. Wenn sie ihn schonen, dann nicht, weil sie ihn weniger hassen, sondern aus nackter Angst. Harry ist einsamer denn je, niemand schreibt ihm, und sein Geburtstag verstreicht unbemerkt.

Das hatte er allerdings auch schon im letzten Jahr geglaubt, und dann kam doch noch überraschender Besuch. So auch in diesem Jahr, als Harry auf seinem Zimmer, auf das er sich zurückziehen muß, weil Vernon einen wichtigen Gast empfängt, ein unbekanntes kleines Wesen antrifft. Es hat hervorquellende grüne Augäpfel, Fledermausohren und eine durchdringende Piepsstimme, mit der es Harry eine aufgeregte Warnung ausspricht: Er dürfe dieses Jahr auf keinen Fall nach Hogwarts zurück, es gebe eine Verschwörung, sein Leben sei in Gefahr. Es macht die Rede des Besuchers nicht verständlicher, daß er sie immer wieder unterbricht, um seinen Kopf gegen das Fenster zu hämmern. Aber das ist die Art der Hauselfen, die sich selbst bestrafen müssen, wenn sie Geheimnisse verraten oder schlecht über ihren Meister reden. Harrys aufdringlicher Besucher ist der Hauself Dobby, und sein Meister ist Lucius Malfoy. Dobby hat etwas Alarmierendes mitbekommen, und weil er Harry tief verehrt, erscheint er im Ligusterweg. Er kann aber nicht offen mit der Sprache heraus; schon für das wenige, das er ihm andeutet, wird er sich die Ohren in die Herdklappe klemmen müssen. Seine Tatkraft wird dadurch jedoch nicht gelähmt: Er hat all die Briefe abgefangen, die Harry sonst in großer Zahl erreicht hätten, er wird das Dinner sprengen, bei dem Vernon gerade vor dem Abschluß eines großen Geschäfts steht, und er wird an einem Bahnhofsgitter und einem Quidditch-Ball Manipulationen vornehmen, die Harrys Leben retten sollen, indem sie es zunächst freilich erst einmal gefährden.

Als die Dursleys im Lauf des mißglückten Dinners durch eine Eule vom Ministerium herausbekommen, daß außerschulisches Zaubern für Harry verboten ist, locht Vernon ihn genüßlich bei Suppe und Brot im Zimmer ein. Zu seiner Befreiung fliegen Ron und die Weasley-Zwillinge im geborgten Auto ihres Vaters an. Harry kann den Rest der Ferien im Fuchsbau verbringen, dem windschiefen Haus der Weasleys, das nur dank starker magischer Stützen nicht in sich zusammensinkt. Trotz Dobbys Warnungen freut er sich auf den Beginn des Schuljahrs, für das Familie Weasley noch die letzten Einkäufe in der Winkelgasse macht. Die jüngste Weasley-Tochter steht vor ihrem ersten Jahr in Hogwarts und ist noch aufgeregter als sonst in Harrys Gegenwart. Bei *Flourish & Blotts*, wo es zu einer kleinen Szene mit den Malfoys kommt, besorgen sie die Bücher, die vom neuen Lehrer im Fach »Verteidigung gegen die dunklen Künste« angegeben worden sind. Die Liste verrät ein leichtes Ungleichgewicht. Gilderoy

Lockhart: *Tanz mit einer Todesfee,* Gilderoy Lockhart: *Gammeln mit Ghulen,* Gilderoy Lockhart: *Ferien mit Vetteln,* Gilderoy Lockhart: *Wanderungen mit Werwölfen*; und noch drei weitere Titel des produktiven Verfassers.

Überraschung: Der Name des neuen Lehrers ist Gilderoy Lockhart. Er ist persönlich in der Buchhandlung anwesend und hält von 12 Uhr 30 bis 16 Uhr 30 eine Autogrammstunde ab, umgeben von großen Portraits seiner selbst, die alle zwinkern. Gerne läßt er sich zusammen mit Harry Potter für die Titelseite des *Daily Prophet* photographieren. Lockhart ist Träger des Merlin-Ordens dritter Klasse und fünfmaliger Gewinner des *Most-Charming-Smile-Award.* Er hat gewelltes langes Haar und blitzend weiße Zähne, ist distinguiert gekleidet (Umhänge nur in Türkis, Jadegrün und Mitternachtsblau), und Frau Weasley zupft in seiner Nähe beständig an ihrer Frisur herum. Selbst Hermione schreibt ihm Fanpost und malt Herzchen in ihren Stundenplan. Was die Abwehr der dunklen Künste und seine Zauberpotenz angeht, so lassen Lockharts Fähigkeiten freilich zu wünschen übrig. Schon Wichtel aus Cornwall überfordern ihn, und beim Versuch, Harrys gebrochenen Arm heil zu zaubern, läßt er versehentlich die Knochen verschwinden.

Knochenlos, wenn man so will, ist auch sein Portrait. Die Autorin hat mit ihm eine kleine süße Rache geübt, wie man deutlich spürt. Die Konturen sind etwas zu dick, wie mit dem Kajalstift nachgezogen – nicht mit dem Pfauenfederhalter, mit dem Lockhart seine Bücher signiert. Figuren wie Gilderoy sind in Jugendbüchern verbreitet, aber auch bei Romanciers wie Thackeray oder Dickens und überall in der dramatischen Literatur. Es sind nicht Individuen, es sind Verkörperungen eines Typus, zu deren Beschreibung eine einzige Eigenschaft genügt – der Geizige, der Hypochonder, der Menschenfeind. Lockhart, der Blender, ist ein Schauspiel-Typus wie sie.

In manchen Fällen gerät der Typus zur Karikatur. Auf Lockhart kann man drei Sekunden hereinfallen, auf Harrys Stieffamilie nicht. Die Dursleys sollen von Anfang an schrecklich sein, nicht glaubwürdig. Kein verwöhnter Sohn der Mittelklasse bekommt zu seinem elften Geburtstag einen Computer, ein Rennrad, eine Videokamera und ein ferngesteuertes Modellflugzeug geschenkt, und kein Elternpaar der Welt beugt sich seinem Wutgeheul und kauft am Nachmittag zwei Geschenke nach, weil es beim letzten Geburtstag achtunddreißig waren und diesmal nur siebenunddreißig sind. Die Autorin will nicht, daß der Leser wiedererkennend nickt, sie übertreibt im Dienste der Karikatur. Komischer allerdings wirkt die Übertreibung in der Umkehrung und asketischen Version: den immer boshafter werdenden Weihnachtsgeschenken, die Harry von den Dursleys bekommt. Im ersten Jahr erreicht ihn in Hogwarts ein Päckchen, das ein Fifty-Pence-Stück enthält, im zweiten ist es ein Zahnstocher; schließlich ein Papiertaschentuch.

IN DER GALERIE

So lebendig die Karikatur und die Übertreibung sein können, so tödlich ist das Klischee. Ihm kommt neben Dudley leider

Dumbledore am nächsten, der weise Rektor, der mit seinen blitzenden Augen und dem silbernen langen Bart das Merlin- und Gottvaterfach etwas zu gefällig bespielt – bespielen würde, hätte er nicht auch einen Schuß des anarchischen *Mr. Natural*, einer Comicfigur Robert Crumbs, und trüge er nicht eine Narbe oberhalb des linken Knies, die er lobt, weil sie einen exakten Plan des Londoner U-Bahn-Netzes darstellt; eine Bemerkung, für die man ihm vieles verzeiht.

Steigt man in der Entpersönlichung noch eine Stufe höher, gelangt man zu einer weiteren Figurenklasse. Vampire, Sirenen oder Werwölfe haben keine Vor- und Nachnamen (Regel mit einer Ausnahme); sie treten in Gruppen auf, und selbst wenn sie einzeln erscheinen, ist es immer die Gattung, die sie prägt. Eine solche Gattung in der Phiole der Einbildungskraft zu schaffen, ist viel schwieriger als die Erfindung einer glaubwürdigen Figur. Rowling gelingt es gleich zweimal, mit den Dementoren und den hinreißenden Veela, von denen wir noch hören werden. Eine Veela braucht keine Einzelseele, um gesetzten Zauberern die Köpfe zu verdrehen. Ein Dementor braucht nicht einmal ein Gesicht. In seinem schwarzen Umhang steckt wie in der Hülle des Mythos etwas überindividuell Mächtiges, das stärker wirkt als noch das glühendste Augenpaar einer Einzelfigur.

Dennoch bleiben die lebendigen Individuen in der Literatur das Wichtigste. In Potters Begleitung begegnen wir vielen davon, auch vielen guten Typen im redensartlichen Sinn. Der Hauself Dobby gehört dazu, ein anderer ist Hagrid, der Wildhüter mit dem Hang zur Aufzucht und Hege von Monstern. Hagrid ist ein Turm von Mann mit einem Temperament wie ein dahinschießendes Wasser, aber von weichem Gemüt und stiller Bewunderung für das besondere Kind; Eigenschaften, in denen er an einen Charakter aus der Bibel erinnert, an Ruben, den ältesten der Brüder Josephs. Aber was heißt, er erinnert an ihn: genau dies ist sein Name, Rubeus.

Von Bewunderung für Harry kann bei einem anderen nicht die Rede sein: Severus Snape, dem Scheusal mit Hakennase, langem fettigem Haar, kalten Augen und kühlem logischem Intellekt, der als Figur gerade darum gelungen ist, weil er nicht dem Gesetz der Kinderliteratur gehorcht, daß die böse Aussehenden auch böse sind. Snapes Haß auf Harry hat, wie sich später enthüllt, einen intimen Grund. Harrys Vater hat Snape einst das Leben gerettet, das durch einen Schülerstreich in Gefahr geraten war. Anstatt dankbar zu sein, haßt Snape die Potters noch bis ins nächste Glied. Nichts verzeihe man schwerer als eine empfangene Wohltat, bemerkte schon La Rochefoucauld. Der bittere Severus Snape zeigt, was Rowlings Kinderbücher von den meisten andern trennt: komplexe Psychologie. Wenn es übrigens stimmt, daß in den Basalt seines Herzens einmal der Lichtstrahl der Liebe fallen wird, wie die Autorin angedeutet haben soll, werden daraus komische Funken schlagen. Snape und verliebt! Das möchten wir sehen.

Mit Sorgfalt ausgemalt sind die Figürchen am Rand. Ein kleiner Ritter, Sir Cadogan, bewohnt wechselnde Gemälde in der Galerie des siebten Stocks und fordert vorbeikommende Schüler zum Duell; ein Herr mit erhitztem Ehrbegriff, der im dritten Band die verängstigte fette Dame auf dem zerschlitzten Eingangsbild des Gryffindor-Entrees ablöst. Vielleicht steht er Harry in künftigen Bänden ritterlich zur Seite; aus seinem Mund jedenfalls fällt das für Heldenfahrten und Initiationsromane einschlägige Wort *quest.*

Neben den Randfiguren gibt es exemplarische Paare wie das von Crouch, Vater und Sohn, denen wir im vierten Band begegnen werden, und die exemplarische Familie Weasley. Der Zweideutigste der Weasleys ist der Streber Percy, Klassenbester und Vertrauenssprecher, ehrgeizig und ungeschickt, der Al Gore in der Familie, dessen Rolle in zukünftigen Bänden entscheidend sein wird. Zuverlässig komisch ist der Vater Arthur, der sich für alles aus der nichtmagischen Welt entflammt. Arthur arbeitet im Ministerium als Leiter einer Abteilung, die dafür sorgt, daß den Muggles nicht verzauberte Gegenstände wie schrumpfende Schlüssel in die Hände geraten (wenn es dennoch passiert, glauben Muggles hartnäckig, sie hätten sie verlegt). Kraft dieses Amtes erläßt Arthur Gesetze mit kleinen Schlupflöchern darin, die ihm das magische Frisieren von Muggle-Autos erlauben. Wenn Harry zu Gast ist, nutzt er jede Gelegenheit, ihn über das Postsystem der Muggles oder die *escapators* auszuholen, für die der deutsche Übersetzer die kongenialen »Trolltreppen« prägt. Im Bahnhof wirft er Harry verschwörerische Blicke zu, wenn ein IC einfährt, und bei der Quidditch-Weltmeisterschaft versucht er im Kreis der frierenden Familie, ein Feuer Muggle-gerecht mit Streichhölzern zu entfachen.

Seele und Rückgrat des neunköpfigen Weasley-Wesens, mit dem zehnten Kopf Harry als adoptiertem Sohn, ist Arthurs Frau Molly. Um Harry aus der Haft der Dursleys zu lösen, paßt Molly sich sorgfältig deren Regeln an. Im vierten

Band schickt sie ihnen einen offiziellen Brief, in dem sie Harry zu sich einlädt. Offenbar ist sie den Erkundigungen ihres Mannes aber nur zerstreut gefolgt, sonst sähe das Couvert dieses Briefes anders aus. In der Mitte ist ein schmales Rechteck für die Adresse ausgespart, der Rest ist zugeklebt mit Briefmarken; zur Sicherheit. Vernon Dursley hat eine peinliche Minute mit seinem Postboten.

Schlimmer wird sein, was die Zwillinge ihm in die Wohnung schmuggeln: Würgzungen-Toffees, die der mittlerweile auf Diät gesetzte Dudley sich gierig in den Mund schiebt, worauf sich seine Zunge einen Meter lang entrollt. Die Zwillinge sind die Sorgenkinder der Weasleys, gefürchtet für ihre Frechheit und ihren Witz. Vor allem Percy hat unter ihnen zu leiden; wenn er einmal mit seinem Chef Barty Crouch angeben will, der zweihundert Sprachen beherrsche, darunter Mermish und Troll, unterbricht ihn Fred: jeder könne Troll, da müsse man nur fuchteln und grunzen.

SCHLAMM ZU SCHLAMM

Sicher vor Spott ist man auch in der Geisterwelt nicht. Ein kleiner Kummer nagt an dem Hausgeist, der seinen Kopf herunterklappen kann, dem Fast Kopflosen Nick, bei dessen Exekution vor fünfhundert Jahren auch vierzig Hiebe einer offenbar stumpfen Axt ihr Werk nicht ganz hatten vollenden können. Ein schmaler Streifen aus Haut und Sehnen hält seinen Kopf noch am Rumpf, darum wird er nicht in die »Jagd der Kopflosen« aufgenommen, den Lion's Club der Geisterwelt. Auf seiner Todestags-Party, auf der er eine wohlgesetzte Rede hält (»Meine beklagenswerten verstorbenen Lords, Ladys und Gentlemen, es ist mir ein großes Mißvergnügen ...«), erscheint man demonstrativ mit dem Kopf unter dem Arm. Der Fast Kopflose Nick, man kann es nicht anders sagen, wird von seinen Kollegen gemobbt.

Ein Mobbing-Opfer ist auch die Maulende Myrte, der Geist eines unglücklichen Mädchens, der eine Toilette bewohnt. Myrte kam zu Tode, weil sie wegen ihrer Brille verspottet wurde und weinend in genau das Klo flüchtete, in dem der Eingang zur Kammer des Schreckens liegt. Hermione verzieht sich ebenfalls heulend ins Klo, als sie hört, wie Ron über sie als unbeliebte Streberin spricht. Und auch ihr Äußeres wird abfällig kommentiert; als Draco Malfoy ihr Biberzähne zaubert, bemerkt Snape kalt, er sehe keinen Unterschied zu früher.

Fast jede der Rowlingschen Figuren hat eine kleine Wunde zu verstecken, eine Schwäche zu camouflieren. Die Wunde Rons ist die Armut, die ihn der Herrenmensch Malfoy täglich spüren läßt. Neville Longbottom, der schon bei der Anreise seine Kröte verliert, hat zwei linke Hände und macht alles verkehrt; als er in einer Schulstunde seine Ohren in Kakteen verwandelt, ist das noch eines der harmlosen Malheurs. Hagrid hat einen Rausschmiß aus Hogwarts hinter sich und hält geheim, daß er Halbriese ist (wie er diesen evidenten Umstand so lange verschleiern kann, ist eine andere Frage). Ein noch dunkleres Geheimnis, das ihn vor leuchtenden Kugeln erschrecken läßt, hütet der Nachfolger Lockharts, der wie Hagrid am Ende öffentlich bloßgestellt wird.

Auch Harry erscheint nur selten als in sich ruhender Held. Er bleibt der gemiedene, umwisperte Narbenträger, vor dem die Schülermengen zurückweichen, als dünste er Knoblauch aus wie gewisse Professoren. Im dritten Band wird Harry zum Gespött der Slytherins, weil er beim Nahen der Dementoren in Ohnmacht sinkt. Im vierten Band spricht sein Freund Ron wochenlang nicht mit ihm; alle glauben, er habe sich aus Ruhmsucht in das Trimagische Turnier eingeschmuggelt, und »Harry stinkt«-Buttons machen die Runde. Die einzige, die sich nicht anstecken läßt, ist Hermione, die als Muggle-Kind einen feinen Sinn für Hetzmeuten hat.

Wie Rowling das Thema des Rassismus vorbereitet, verrät einen noch feineren Sinn für Komposition. Ein Sturmtag in Hogwarts: Harry kommt mit matschigen Schuhen in die Halle, eine Schlammlache tropft von seinem Quidditch-Umhang. Alarmiert von seiner Katze Mrs Norris, mit der ihn Telepathie verbinden muß, erwischt ihn der Hausmeister Filch und nimmt ihn zur Abstrafung mit in sein Büro. Bei dieser Gelegenheit wirft Harry einen Blick auf das Papier, das auf Filchs Schreibtisch liegt. Es ist ein *Kwikzaubern*-Prospekt, ein Magie-Fernkurs für Anfänger, der Filch als einen sogenannten Squib verrät. Ein Squib ist zwar Kind von Zauberern, hat aber keine magischen Kräfte. Umgekehrt gibt es Zauberer, die wie Hermione Kinder von Muggles sind. Sie werden von den Slytherins gehaßt und als »Schlammblütler« beschimpft.

Das alles erfährt Harry, weil er durch Schlamm gestapft ist. Man sieht, es kann nicht einmal regnen, ohne daß die Autorin etwas damit im Schilde führt.

Ebenso diskret bereitet sie die Hauptintrige dieses Bandes vor. Es ist eine Intrige auch im engeren Sinn, geplant und ins Werk gesetzt von Lucius Malfoy, der einen doppelten Schlag gegen Herrn Weasley und Dumbledore führen will. Sein Instrument dabei ist ein magisches Buch, das leere Tagebuch Voldemorts aus Schülerzeiten, als der nicht zu Nennende noch in Hogwarts glänzte und den normalen Namen Tom Riddle trug. Wer sich diesem Tagebuch anvertraut, den nimmt es allmählich in Besitz. Riddle saugt solange Lebenskraft aus dem, der hineinschreibt, bis er selbst ins Leben tritt. Dieses verhexte und zum Glück nur leicht allegorische Buch, von dem der Leser erst spät erfährt, spielt Malfoy gleich am Anfang einem Mitglied der Weasley-Familie in die Hand. Wenn ein Weasley-Kind zu Voldemorts Gehilfen wird, ist der Ruf des Vaters dahin, und Dumbledore verliert sein Amt. So Malfoys Plan, der in dem Moment aufzugehen scheint, in dem in Hogwarts etwas anderes aufgeht: die seit fünfzig Jahren verschlossen gebliebene Kammer des Schreckens.

Diese Kammer, eigentlich ein unterirdischer Saal, ist eine Hinterlassenschaft Salazar Slytherins, eines der vier Gründer des Instituts. Salazar verließ vor rund tausend Jahren die Schule im Streit mit Godric Gryffindor über die Frage, ob Kinder von Nicht-Magiern aufgenommen werden sollten. Seine versiegelte Kammer, deren Zugang niemand kennt und die nur von Slytherins wahrem Erben geöffnet werden kann, wird von einem ebenfalls unbekannten Geschöpf bewohnt, das nach Öffnung der Kammer ausbricht und auf Jagd nach

Schlammblütlern geht. Immer mehr Schüler werden durch Schock gelähmt und versteinern, sobald sie das Ungeheuer sehen. Es ist ein hübsch komponiertes Rätsel, warum sie alle nur versteinern und nicht sterben. Jedesmal gibt es einen anderen Grund, aber es ist immer der gleiche.

Als erstes trifft es die Katze des Hausmeisters. Sie sieht das ominöse Etwas in der Spiegelung des Wassers, das aus dem überschwemmten Klo der Maulenden Myrte tritt. Der nächste ist Colin, ein aufdringlicher Verehrer Harry Potters, der ihn bei allen Gelegenheiten photographiert; ein Motiv, das früh zur Illustration von Lockharts Eitelkeit eingeführt wird. Auch nach seiner Begegnung mit dem Monster hält Colin die Kamera mit verschmortem Film in der versteinerten Hand. Die zwei nächsten Opfer sind das Muggle-Kind Justin und der Fast Kopflose Nick. Justin sieht das Ungeheuer durch den transparenten Nick, der seinerseits, weil er schlecht zweimal sterben kann, bloß schwarz anläuft wie Rauch. Hermione schließlich, die sich kundig gemacht hat und einen Verdacht über die Natur des Kammerherrn und Erbfeindes aller Spinnen hegt, führt einen kleinen Spiegel mit. Die Lösung des Rätsels: kein Opfer stand mit dem Ungeheuer in ungeschütztem Augenkontakt. Es tötet mit seinem Blick; es ist ein Basilisk.

Den Versteinerten wächst eine Medizin in Gestalt der Alraunen heran. Bei Alraunen ist es nicht der Blick, der tötet, sondern der Schrei, den sie bei der Entwurzelung ausstoßen. Beim Umtopfen während des Botanikunterrichts tragen die Schüler darum Ohrenschützer. Noch sind die Alraunen häßliche Babys, die unterirdisch bis zur Pubertät heranreifen müssen, bevor sie gehäckselt und zu dem Zaubersaft verarbeitet werden können, der Versteinerungen löst. Hermione liegt noch immer wie eine Statue im Krankenzimmer, als wir nebenbei erfahren, die Alraunen hätten schon eine lärmende Party gefeiert. Sie hätten Hautprobleme, und bald würden sie sich über Nacht in ihren Töpfen besuchen … Tja. Pech für die Alraunen.

VERWANDLUNGEN FÜR ANFÄNGER

Aber wer hat die Kammer des Schreckens geöffnet? Von interessierter Seite wird der Verdacht auf Hagrid gelenkt, der in seiner Unschuld sogar für kurze Zeit in das Inselgefängnis Askaban verbracht wird, das Alcatraz der Zaubererwelt, in dem die Anhänger Voldemorts dessen Wiederaufstieg entgegendämmern. Die Schüler dagegen verdächtigen Harry, weil er Parsel spricht, die Schlangensprache, der nur Salazar Slytherin mächtig war. Der Verdacht des Lesers ist ein schwankendes Blatt im Wind, neigt sich aber immer häufiger einem Weasley-Sproß zu. Harry entdeckt das Tagebuch in der Toilette der Maulenden Myrte; die von ihm verhexte Person hoffte für einen Moment, sie könne sich seiner entledigen. Ron, nicht der Schnellste sonst, erinnert sich an den Namen, den der Besitzer eingetragen hat: Als er am Anfang des Schuljahrs eine Nacht lang Hogwarts-Medaillen polieren mußte, war darunter auch die Goldplakette eines Tom Riddle (nur darum hat Rowling ihm die Strafarbeit verpaßt, damit er zweihundert Seiten später die Handlung um diese winzige

Drehung weiter befördern kann). Riddles Tagebuch kommt Harry wieder abhanden, es wird aus seinem Zimmer gestohlen. Das schränkt den Kreis der Verdächtigen ein: Es muß ein Gryffindor sein, ein anderer hätte das Paßwort nicht gewußt, das jedes der vier Häuser vor Eindringlingen schützt. Alle Weasleys sind Gryffindors. Einer darunter ist schon länger sonderbar.

Und endgültig verdächtig nach folgender Szene beim Frühstück. Die kleine Weasley-Tochter Ginny will offenbar mit etwas heraus und wiegt sich im Sitzen vor und zurück, wie es auch Hauself Dobby macht, wenn er mit sich ringt, ob er verbotene Informationen preisgeben darf. Harry fragt sie, ob sie etwas über die Kammer des Schreckens wisse, sie holt tief Luft, da setzt sich Percy dazu und hält seine Schwester in höchster Verlegenheit zum Schweigen an: Sie habe ihn bei etwas überrascht und er habe sie gebeten, nichts davon zu sagen ... Ginny verliert den Mut und bleibt stumm. Was soll man anderes denken, als daß sie kurz davor war, Harry zu gestehen, sie habe ihren Bruder beim Wühlen in seinen Sachen ertappt?

Es ist natürlich die Wronski-Szene. Percy ist von Anfang des zweiten Bandes an auffällig, aber das hat seinen harmlosen Grund. Der Leser könnte ihn erschließen, er hat den Hinweis bekommen. Beim letzten Anschlag des Basilisken wird die Vertrauenssprecherin Penelope versteinert, was Percy einen auffälligen Schock versetzt. Einen Moment, bevor wir uns auf diese Mitteilung den richtigen Reim machen, erklärt sein Bruder, Percy sei so bleich, weil er nie gedacht hätte, daß das Monster einen Vertrauensschüler angreifen könnte. Was so genau zu Percys Streberstolz auf sein Amt paßt, daß man die andere Möglichkeit – er ist in Penelope verliebt, und darum all seine Heimlichkeiten – erst gar nicht erwägt.

Ginny hat die beiden bei einem Kuß ertappt; aber es war etwas anderes, mit dem sie herausrücken wollte. Sie selbst war es, die unter Diktat und schwarzem Zwang Salazars Kammer geöffnet hat.

Was der Leser erst im Finale als einen Blitzschlag erfährt, haben es nicht ein paar Kumulus-Wölkchen zuvor erahnen lassen? Immer wieder hat man gehört, daß Ginny haltlos weint, aber man mußte sich nichts dabei denken; sie ist im ersten Jahr in Hogwarts, sie ist in Harry verliebt, und aus der Kammer des Schreckens bricht ein Ungeheuer aus – da wird sie wohl nervös sein dürfen. Als man vom Tagebuch erfährt, das Harry findet, hat man längst vergessen, daß dieses Motiv mit genau einer Person verbunden ist. Am Anfang verpaßt Familie Weasley fast den Zug, weil sie auf dem Weg zum Londoner Bahnhof dreimal umkehren muß: erst hat der eine seine Kiste mit Feuerwerk daheim vergessen, dann der andere seinen Besen, und zuletzt Ginny ihr Tagebuch.

Wie sie zu ihm gekommen ist, wird ein paar Seiten davor mehr verhüllt als eigentlich erzählt. Herr Weasley begleitet seine Familie zu *Flourish & Blotts*. Dort bricht Lucius Malfoy einen Streit mit ihm vom Zaun; er zieht ein ramponiertes Buch aus dem Einkaufskessel, den Ginny trägt, und fragt ihren Vater, was es nütze, eine Schande für die gesamte Zaubererschaft zu sein, wenn man nicht einmal gut dafür bezahlt werde? Arthur Weasley stürzt sich auf ihn, es entsteht eine Rangelei und Tumult, den Malfoy beendet, indem er Ginny –

mit »bösartig schimmernden Augen«, wie man uns immerhin signalisiert – das Buch zurückgibt, *Verwandlungen für Anfänger*, das nun um eine kleine Einlage bereichert ist.

MUGGLEKUNDE

Auch Ginnys Bruder Ron muß sich zum neuen Schuljahr mit gebrauchten Hilfsmitteln begnügen. Nicht einmal auf seinen Zauberstab ist Verlaß, der ihm nach der heftigen Ankunft (sie müssen mit dem Auto anfliegen) zerbricht und mit Klebeband nur notdürftig zusammengehalten wird. Manchmal sprüht er Funken, statt ordentlich die Befehle auszuführen, einmal geht er sogar nach hinten los und zwingt Ron dazu, Schnecken zu spucken. Wir haben begriffen, sagt sich der Leser, die Weasleys sind nicht begütert, und das wird uns mit diesem unzulänglichen Zauberstab noch einmal vor Augen geführt. Weit gefehlt; am Ende ist es genau dieser Zauberstab, der Harry und Ron retten wird.

Die durch das Tagebuch verwandelte Erstkläßlerin bringt nicht nur ganz Hogwarts, sondern auch sich selbst in Gefahr. Ginny endet in der Kammer des Schreckens, aus der Harry und Ron sie befreien wollen. Sie steigen in den Eingang, den Harry entdeckt hat, die schleimige dunkle Rutschbahn, die sich hinterm Waschbecken der Myrte auftut. Als Dritter dabei ist kein anderer als der gute Gilderoy. Nicht ganz freiwillig; Harry hat ihn erwischt, als er sich davonstehlen wollte, er hat ein mißmutiges Geständnis von ihm gehört, natürlich sei nicht er, Gilderoy, das »Ich« seiner Bücher, aber wer wolle schon etwas über einen häßlichen armenischen Zauberer lesen, auch wenn er ein Dorf vor den Werwölfen gerettet hat, oder das Autorenphoto von einer Hexe mit Hasenscharte sehen, nur weil sie eine Todesfee besiegen kann – und Harry zwingt ihn nun mit vorgehaltenem Zauberstab, sie auf ihrer Mission durch das Tunnelgedärm zu begleiten. Lockhart, zu dessen Blendertum sich in letzter Minute die Ruchlosigkeit gesellt, nutzt einen Moment der Unachtsamkeit, entreißt Ron den Zauberstab und belegt die beiden mit dem Vergessensspruch *Amnesia!* Rons Zauberstab explodiert, und wer sein Gedächtnis verliert, ist Lockhart selbst. Milde lächelnd, wie der Druide nach einem Fehlwurf in *Asterix*, erkennt er später keinen der freundlichen Fremden, wundert sich, daß er Professor sein soll, und wird in den Krankensaal begleitet. Käme Ron nicht aus knappen Verhältnissen, wäre es Harry, den man dorthin führte.

Das soll aber nicht heißen, daß diese knappen Verhältnisse nur Wasserträger im Dienst der Intrige sind. Die Weasleys haben sieben Kinder, der Vater verdient nur ein kleines Gehalt; das prägt sie und den Roman von Anfang an. Schon bei ihrer ersten Zugfahrt will Ron sich von Harry keine Pasteten schenken lassen, und seine Empfindlichkeit wächst von Band zu Band, bis sie sich im *Feuerkelch* in starken Spannungen entlädt.

Diese Bücher kann keiner geschrieben haben, der nicht schlechte Zeiten erlebt hat; der Blick auf die kleinen und großen Demütigungen, die Ron schlucken muß, ist zu scharf. Überhaupt, man täusche sich nicht: es fällt das harte Licht der Wirklichkeit durch die rubinroten und giftgrünen Fenster dieser Fiktion. Das Bekannte wird durch die Brechung in der Kunst fremd gemacht, erst dadurch kann es neu gesehen werden. Hermione, auf ihre ernsthafte Art, belegt im dritten Jahr das Wahlfach »Mugglekunde«. Ausgerechnet sie, die Tochter eines Zahnarztpaars, die bis zum elften Jahr nie etwas anderes als Muggles kennengelernt hat? Harry und Ron sind fassungslos; aber Hermione erklärt, gerade der fremde Blick auf das Bekannte reize sie. Ihr Lehrbuch heißt *Home Life and Social Habits of British Muggles*. Es könnte der Untertitel des Buches sein, in dem sie lebt und webt. Die häuslichen Gewohnheiten der Briten, ihre Speise- und Benimmregeln, die Eigenarten ihres Schulwesens und ihrer Ministerien, die Gepflogenheiten der Klatschpresse, die Arroganz der alten Familien und die noch immer heruntergelassenen Klassenschranken – wer dafür ein Gefühl gewinnen will, wird keine bessere Quelle finden als *Harry Potter*, das Werk über die Zauberer, die in dieser Welt Touristen sind.

CHRISTOPHORUS UND DIE GROSSE SCHLANGE

Nachdem Lockhart ausgefallen ist, dringt Harry weiter vor auf dem Gang, der tief unter dem See liegt und in die Kammer des Schreckens führt. Im Innern liegt leblos Ginny, und mit verschwimmenden Umrissen erwartet ihn Voldemort als junger Tom Riddle. Er enthüllt Harry die Tagebuchintrige, anschließend hetzt er den Basilisken auf ihn. Zu Harrys Rettung fliegt Dumbledores Phönix herbei, Harry erlegt das Ungeheuer mit dem in letzter Sekunde apportierten Gryffindor-Schwert, sticht mit dem Giftzahn, der ihn getroffen hat und den er nur dank der balsamischen Phönixtränen überlebt, ins Herz des Tagebuchs – ein Schrei ertönt, Tinte statt Blut quillt in Bächen hervor, und Voldemort alias Tom Riddle verschwindet.

Ein paar Aufschlüsse hat er uns vor diesem über-opulenten Finale aber hinterlassen. Langsam lichten sich die Vorgeschichten; man wird den Eltern vorgestellt. Voldemorts Mutter starb bei seiner Geburt, eine echtbürtige Nachfahrin Salazar Slytherins. Riddle hieß sein gehaßter Muggle-Vater. Der Grund, warum Voldemort so lange mit Harry plauscht, ist die kleine Neugier, die ihn noch umtreibt. Etwas möchte er noch von ihm wissen, bevor er ihn dem Basilisken überläßt. Wie in aller Welt hat Harry es zweimal geschafft, *ihn* zu überleben?

Die Neugier Harrys betrifft eine verwandte Frage, die ihm Dumbledore leider erst beantworten will, wenn er erwachsen ist. Warum hatte es Voldemort nicht auf die Mutter, sondern auf ihn abgesehen? Harrys Mutter kam nur deshalb um, weil sie ihr Kind schützen wollte. Ihr Opfertod imprägniert Harry mit der Macht der Liebe, an der Voldemort versagen muß, wie Dumbledore erklärt und Voldemort in der Kammer des Schreckens bestätigt: der Opfertod der Mutter, das sei in der Tat ein starker Gegenzauber. – Aber warum das Baby?

In der Welt der Nicht-Magier erinnert diese Fixiertheit an manches. Nicht nur an den Artus der Sage, der Harrys Schicksal teilt, sondern auch an Pharao oder Herodes, der alle Kinder unter zwei Jahren töten läßt, weil sich der neue König der Juden unter ihnen befinden soll. Durch einen Engel im Traum vor Herodes gewarnt, entweichen Maria und Joseph nach Ägypten; flüchten vor ihm wie Potters Eltern vor Voldemort. Harrys Mutter heißt Lily, wie die Marienblüte der Unschuld und Reinheit, sein Vater heißt James, was einen König oder einen Stammvater – Jakob – anklingen lassen kann. Selbst Harrys riesenhafter Beschützer, der ihn als Baby-Bündel durch die Lüfte und dann als Fährmann übers Wasser bringt, kommt einem bekannt vor.

Nach der Legende trägt der Riese Christophorus das Christuskind durch einen Strom. Er ist der Schutzpatron der Piloten, Kraftfahrer und Schiffer, und sein Kennzeichen ist der Stab. Alle drei Tätigkeiten vereint Hagrid in seinen ersten beiden Auftritten: auf einem fliegenden Motorrad und in dem Boot, mit dem er Harry von der Insel befreit. Sein Stab ist der übergroße rosafarbene Schirm, in dem er seinen zerbrochenen Zauberstab versteckt, den er seit seinem Schulverweis nur noch heimlich benutzen kann.

Man muß nicht lange raten, vor wem er das heilige Kind schützen soll. Voldemort, mit roten Augen und Schlitzen als Nasenlöchern, ist die alte Schlange der Offenbarung, der »Teufel, der da heißt Satanas«. Seinen Anhängern, dem Clan des Lucius Malfoy, sieht man den bösen Glauben schon am Namen an. Auch das Licht teilt Lucius mit seinem Meister, dem gefallenen Engel, dessen Namen man nicht in den Mund nehmen darf und der in dem »Vol«, wie Harry öfter ansetzt, bevor er unterbrochen wird, noch seinen Sturz aus höheren Sphären anklingen läßt. Der Löwe, das Bannerzeichen Gryffindors, kämpft gegen die Schlange, das Zeichen Slytherins; die Emblematik ist so alt wie Luzifers Gier nach Eroberung der Welt.

Joanne Rowling hat oft ihre Liebe zu den in England populären *Narnia*-Romanen von C. S. Lewis erklärt. Die christliche Botschaft allerdings habe nie auf sie gewirkt. Sie mochte Aslan, weil er ein Löwe war, nicht weil er eine Allegorie von Christus darstellt. Mit gleichem Recht ließe sich sagen, die *Harry Potter*-Leser hassen Voldemort, weil er ein Schurke, nicht weil er der Teufel ist. Dabei würde man aber übersehen, daß gewöhnliche Schurken keine Schwarzen Messen abhalten, wie Voldemort im *Feuerkelch*, daß es nicht zu ihren Kulten gehört, Katzen zu malträtieren, und daß ihre Anhänger nicht Bekenntnisse ablegen, wie es der Turbanträger Quirrell tut: Als junger Mann sei er voll von lächerlichen Ideen über Gut und Böse gewesen, aber Lord Voldemort – erstmals *Lord* – habe ihm gezeigt, wie falsch das sei; es gebe nicht Gut und Böse, es gebe nur Macht. Das ist nicht Nietzsche, das ist das Credo der Satanisten.

ZWEI KÖPFE AUF EINEM HALS

Das Kind, das von Hagrid beschirmt wird, ist in vielen Mythenkreisen zu Hause, und überall ist es der Mittelpunkt. Sein Grundparadox liegt darin, daß es einerseits übermächtigen Feinden ausgeliefert und von beständiger Auslöschungsgefahr bedroht ist, andererseits aber über Kräfte verfügt, welche menschliches Maß weit übersteigen. So steht es in einer

Schrift nicht über Harry Potter, sondern über *Das Göttliche Kind*, der Doppelstudie von Karl Kerényi und C. G. Jung. Kerényi berichtet dort über ein Kind aus finnischer Vorzeit, das seine ermordeten Eltern rächen will. Das göttliche Kind überlebt zwei Anschläge durch die Elemente: erst Feuer, dann Wasser können es nicht besiegen, so wenig wie sie Harry besiegen, als er in den Proben des Trimagischen Turniers erst fast verbrennt und dann fast ertrinkt. Dieses Turnier scheint auch C. G. Jung im Blick zu haben, wenn er ausführlich das »goldene Ei« als Symbol der schwer erreichbaren Kostbarkeit erklärt (als kürze das C. in seinem Namen »Cedric« ab, ohne dessen Erklärung Harry in dem Turnier an einem solchen goldenen Ei zu scheitern droht).

Die Haupttat des Helden ist nach Jungs Prognose die Überwindung des Dunkelheitsungeheuers, die er als Sieg des Bewußtseins über das Unbewußte begreift. Lange handelt er vom Kindgott als Hexenkind. Besonders hebt er dessen Bedrohung durch Drachen und Schlangen hervor, gegen die ja auch schon Herakles zu kämpfen hat. Aber was das göttliche Kind von außen bedroht, verbirgt sich auch in seinem Innern, und gerade das, die Vereinigung der Gegensätze, macht seinen numinosen Charakter aus.

Diese Gegensätze führt Potters Erfinderin früh und leise zusammen – so leise wie die Sohlen, auf denen der Teufel kommt. Ihre Motivtechnik ist so subtil, daß sie sich der deutschen Übersetzung nicht mehr anmerken läßt. Als Harry im ersten Band durch den Verbotenen Wald schleicht, wo er den Spuren des silbrigen Einhornbluts folgt, hört er ein schleifendes Geräusch, das ihn wie angefroren innehalten läßt. Auf einer Lichtung liegt das tote Tier, an dem sich eine vermummte Gestalt zu schaffen macht. Sie wendet den Kopf zu Harry, läßt seine Narbe erglühen und zwingt ihn durch einen Migräneanfall zu Boden. Daß Voldemort der Mörder des Einhorns ist, aus dessen Blut er sich neues Leben saugt, und daß das Einhorn als Sinnbild des Heilands gilt, kann sich auch der Leser der Übersetzung vor Augen führen. Verborgen bleiben muß ihm, wie das schleifende Geräusch bei Rowling hieß: »a slithering sound«.

Die Wahl des Beiworts ist kein Zufall. Es taucht in dem ersten Band nur zweimal auf. Zum Zeitpunkt des Waldbesuchs kennen wir das moralisch gefährdete Haus Slytherin bereits, seine Verbindung zu Voldemort und die Schlange in seinem Wahrzeichen. Als Harry seinen Durchbruch in der Privatzauberei erlebt, wissen wir davon noch nichts. Bei seinem Zoobesuch an Dudleys Geburtstag befreit er nicht ein Löwenkind oder einen Adler, sondern ausgerechnet eine Schlange. Aber das war doch eine gutmütige Boa, die Harry noch nett zuzwinkerte, bevor sie nach Brasilien zog? Ja, aber davor wand sie sich aus ihrem Käfig, »slithering out on to the floor«. – Es ist nur ein Verb, aber winzig zusammengerollt steckt in ihm der große Plan.

Den nächsten Blick auf diesen Plan erlaubt uns die Autorin durch einen Traum. In seiner ersten Nacht in Hogwarts träumt Harry, er trage Quirrells Turban, und dieser Turban befehle ihm den Wechsel ins Haus Slytherin. Die Botschaft ist zweimal die gleiche: Harry hat Anteil an der schwarzen Seite. Am Ende des zweiten Bandes erfahren wir aus Riddles und Dumbledores Mund, daß er eigentlich zu Slytherin gehört und daß ihn auffällig viel mit seinem Todfeind verbindet. Beide sind brillante Zauberer aus gemischtblütigem Elternhaus – Harrys Mutter stammt aus magierfeindlicher Muggle-Welt, Riddles Vater war ein Muggle, der seine Frau noch während ihrer Schwangerschaft verließ, als er von ihrem Hexentum erfuhr. Beide wachsen ohne Eltern in feindlicher Umgebung auf. Beide haben einen Zauberstab desselben Modells. Selbst äußerlich entdeckt Riddle, der ein hübscher Junge war, eine gewisse Ähnlichkeit mit ihm; was vor allem die *Star Wars*-erprobten Leser auf eine Spur setzen mußte, die freilich in die Irre zu führen scheint: Harry werde nicht feststellen, daß er mit Voldemort verwandt ist, sagt die Autorin in einem Interview.

Auch wenn er nicht sein wahrer Vater ist, hat der Böse doch etwas von sich auf den Gezeichneten übertragen, nicht nur die Gabe der Schlangensprache. Die Andeutungen darüber hört Harry in Salazars Kammer, die auffallend ägyptisch wirkt. Aus Ägypten stammt der Mythos von Horus und Seth, den Göttern für das Recht und die rohe Gewalt, die später im Königtum zusammentreten. Vielleicht bedient sich Joanne Rowling auch aus diesen Mythen-Grabkammern; in Ägypten schürzt sich zumindest der Handlungsknoten des nächsten Bandes. Ein entferntes Pendant des ägyptischen Doppelgotts findet sich aber auch in Rom: Janus, der Gott der Türen und Tore, dessen zwei Gesichter in die entgegengesetzte Richtung zeigen. Die Autorin macht mit diesem Januskopf, der als Metapher schon stark verwittert ist, etwas Überraschendes; sie nimmt ihn wörtlich. »Der Mann mit den zwei Gesichtern« hieß das Kapitel, in dem Quirrells Turban gelüftet wurde. Die Einheit des Guten mit dem Bösen wird mit ihm sinnfällig und körperlich. Denn warum wächst Voldemort auf dem Nacken des Professors für die Abwehr der Dunklen Künste? Er hätte sich als Parasit bei der Lehrerin für Kräuterkunde einnisten können, oder beim Giftkundler Snape. Doch der Wirtskörper muß Quirrell sein, weil er die Schwarze Magie bekämpft und qua Amt auf der guten Seite steht. Die tiefere Einheit der Gegensätze, die Vermischung des Getrennten ist das höhere Prinzip, dem *Harry Potter* huldigt, und diesem Prinzip verdankt es sich auch, daß in der Kammer des Schreckens die Allerunschuldigste, die kleine Ginny, zum Instrument des Bösen wird.

DOBBYS SOCKE UND DIE WAHRHEIT ÜBER DIE HAUSELFEN

Nach der vorläufigen Vertreibung Voldemorts und Ginnys Rettung aus dem Dornröschenschlaf verrichtet Harry noch eine gute Tat. Sie gilt einer Figur, die ebenfalls zwei Gesichter hat. Der erste, der Harry vor dem Komplott gewarnt hatte, wenn auch nur stumm, war Malfoys Hauself Dobby. Er wußte Bescheid, aber mehr als große Augen konnte er nicht machen. Jetzt ist alles vorüber, Malfoy hat sich von Dumbledore eine kalte Dusche geholt und läßt seinen Zorn an Dobby aus. Da fällt Harry plötzlich etwas ein.

Auch wir hatten im Vorübergehen von einer bestimmten Klausel gehört. In einem Halbsatz am Anfang wurde eine Socke erwähnt, die allein genügen würde, um Dobby aus der

Sklaverei zu befreien. Es ist die Umkehrung der alten Geschichte aus dem Märchen *Der Teufel mit den drei goldenen Haaren*. Dort gewinnt der Fährmann seine Freiheit, indem er den Stab einem Passagier in die Hände drückt, der an seiner Statt weiterrudern muß. Hier wird der Gegenstand nicht unbedacht entgegengenommen, sondern unbedacht überreicht: der Elf ist entbunden und unwiderruflich frei, sobald ihm sein Herr irgendein Kleidungsstück überläßt. Der Leser hat das am Ende vergessen, nicht aber Harry, der zum Finale einen Strumpf auszieht, Riddles Tagebuch darin einwickelt und es Lucius Malfoy unter die Nase hält – ein sublimer Fall von *misdirection*. Malfoy ist begierig auf den ihn belastenden Inhalt und gibt die Verpackung gedankenlos weiter an seinen Elf. Dobby ist frei; wovon noch mehr abhängen wird, als man zu diesem Zeitpunkt ahnt.

Hermione müht sich in den kommenden Bänden ab, die Hauselfen auf Dobbys Pfad zu führen. Sie setzt eine Kampagne gegen die Elfen-Ausbeutung in Gang. Das Problem ist: die Hauselfen lieben nichts mehr als ihr Sklavendasein. Ihr masochistischer Eifer ist so stark, daß sie in der Freiheit verkommen und dem Suff verfallen. Aber das ist nur ihr eines Gesicht.

Es zeugt nicht von Unhöflichkeit, sondern von Raffinesse, wie es der Autorin vier Bände lang gelingt, das andere Gesicht der Hauselfen zu ignorieren. Die meisten Zauberer sind ohne ihren Zauberstab so gut wie hilflos. Dobby dagegen kann ohne Hilfsmittel eine Dessertplatte schweben und zerbersten lassen, das Absperrgitter im Bahnhof undurchlässig zaubern, beim Quidditch-Spiel den Klatscher so behexen, daß er zielstrebig nur Harry nachschwirrt, Lucius Malfoy durch bloßen Befehl dazu zwingen, daß er mit einem Knall rücklings die Treppe hinunterstürzt, in Snapes geschütztes Büro eindringen und – trotz aller magischer Sperren und Hermiones wiederholter Hinweise, daß ebendies technisch unmöglich sei – aus Hogwarts »desapparieren«, wie die Zauberer ihren Verschwindetrick nennen.

Was soll man davon halten? Jeder einzelne dieser Zauberakte wäre erstaunlich. Zusammengenommen wecken sie einen Verdacht: die Hauselfen sind die Geschöpfe mit den stärksten magischen Kräften überhaupt. Das Ministerium weiß, warum es ihnen den Gebrauch von Zauberstäben so strikt untersagt. Hätten die Elfen auch noch dieses Hilfsmittel zur Verstärkung ihrer natürlichen Kräfte, könnten die eigentlichen Zauberer abdanken.

Bislang werden diese Kräfte noch auf die Unze genau aufgewogen vom Drang der Elfen nach Unterwerfung und Dienertum. Das ist die Idee: Ein Tonnengewicht auf jeder Seite, und beide Seiten in Balance. Genau darin liegt das Reizvolle nicht nur der Elfen, sondern der Harry Potter-Bücher überhaupt, deren Schöpferin auch das Gute und das Böse, auch Sieg und Scheitern, auch Komik und Grauen so erfindungsreich balanciert.

III. DER GEFANGENE VON ASKABAN

NACH ÄGYPTEN

Arthur Weasley hat den großen Preis des *Daily Prophet* gewonnen! Er ist mit siebenhundert Galleonen in Gold dotiert, und die Familie gönnt sich einen großen Sommerurlaub in Ägypten, wo ihr ältester Sohn als Fluchbrecher (*Breaker*, nicht *Broker*) für die Gringotts-Bank arbeitet. Harry erfährt davon durch den Geburtstagsbrief, den ihm Rons alte Eule, ohnmächtig von zwei anderen Eulen getragen, in den Ligusterweg bringt, wo er wieder seine Ferien absitzen muß. Auf dem Zeitungsphoto, das ihm Ron mitschickt, winken ihm die Weasleys begeistert zu: alle neun vor einer Pyramide, in der Mitte Ron mit seiner Hausratte Krätze auf der Schulter, daneben Percy mit einem neuen silbernen Abzeichen im Fes. Sogar ein Geburtstagsgeschenk ist dabei, ein *pocket-sneakoscope* aus Glas, das zu pfeifen beginnt, wenn jemand in der Nähe ist, dem der Besitzer besser nicht vertraut. Harry freut sich mehr über die Geste als über das Geschenk; das Taschen-Spickoskop ist billige Touristenware und sirrt sogar dann, wenn außer Ron und Hermione kein Mensch in der Nähe ist, so daß Harry es in einen Strumpf wickelt und in seinem Koffer begräbt.

Bevor er seine Freunde leibhaftig sehen kann, muß er eine Besuchswoche von Onkel Vernons Schwester überstehen. Tante Marge, deren Schnurrbart nur etwas weniger buschig geraten ist als der ihres Bruders, piesackt Harry auf selbst für Dursleys Verhältnisse infernalische Art. Als sie auch noch seine toten Eltern beleidigt, reißt bei Harry der Geduldsfaden und er verzaubert Marge – elfengleich ohne Zauberstab – in einen anschwellenden menschlichen Ballon. Marge schwebt noch unter der Zimmerdecke, als Harry das Haus der Dursleys schon zornzitternd verlassen hat. Am Straßenrand pflückt ihn der magische *Knight Bus* auf, und in der Winkelgasse nimmt ihn, man glaubt es kaum, der Zaubereiminister persönlich in Empfang: Cornelius Fudge, ein beleibter kleiner Zauberer in Nadelstreifenumhang. Harry rechnet damit, von Hogwarts verwiesen zu werden, schließlich ist es schon das zweite Mal, daß er wegen verbotenen Ferienzaubers auffällig wird – aber Fudge will nichts davon wissen und quartiert ihn mit nervöser Überfreundlichkeit im »Tropfenden Kessel« ein.

Bevor man ihn in einer geschützten Limousine zum Bahnhof bringt, kann Harry endlich Ron und Hermione wiedersehen. Wie üblich machen sie in der Winkelgasse die letzten Besorgungen fürs neue Schuljahr. Hermione braucht noch eine Eule, entscheidet sich in der *Magischen Menagerie* dann aber für einen riesigen rostroten Kater, der sich sofort auf Rons Ratte stürzt; Beginn einer langen Feindschaft, die mehr als einmal von den Tieren auf die Besitzer überzuschwappen droht. Hermione ist überhaupt gereizt in diesem Jahr; schon immer hat sie sich viel zugemutet, aber diesmal übertreibt sie es. Ihr Stundenplan ist nicht nur überfüllt, manche Stunden sind dreifach belegt. Ihre mit Büchern vollgestopfte Tasche platzt, und auch sie selbst verliert immer öfter die Façon; Harry und Ron fragen sich, ob sie nicht ein Geheimnis vor ihnen verbirgt.

Aber wir greifen vor. Noch bummeln die Freunde durch die Winkelgasse und kaufen die letzten Bücher ein. Auch diesmal stehen neue Lehrkräfte ins Haus. Lockhart wird durch einen Herrn Lupin ersetzt, und der neue Lehrer im Fach »Pflege magischer Geschöpfe« ist kein anderer als der rehabilitierte Hagrid. Der Eifer, mit dem sich Hagrid auf die neue Aufgabe wirft, entspricht leider nicht ganz seinem Geschick. Schon seine Leseliste verschafft ihm nicht nur Freunde: *Das Monsterbuch der Monster,* das er als Pflichtlektüre angibt, muß man fesseln, weil es nach dem Leser schnappt; fast so schlimm für die Verkäufer bei *Flourish & Blotts*, die es nur mit Handschuhen aus dem Eisenkäfig holen können, wie das *Unsichtbare Buch der Unsichtbarkeit*, das den Laden ein Vermögen gekostet hat (die Lieferung wurde nie gefunden).

Wir ahnen schon, es wird nicht lange dauern, bis Hagrid in Schwierigkeiten gerät. Genauer gesagt, verpatzt er es schon in der ersten Stunde. Die magischen Kreaturen, die er seiner Klasse vorführt, sind die ehrpußligen Hippogreife; Mischwesen aus Pferd und Adler, denen man Respekt bekunden muß, bevor sie gestatten, daß man auf ihrem Rücken Platz nimmt und eine Flugrunde dreht. An diesem Respekt läßt es Draco Malfoy fehlen, worauf ihm der Hippogreif Seidenschnabel in den Arm hackt. Draco macht daraus einen Mordversuch, und sein Vater freut sich über die Gelegenheit, alte Rechnungen zu begleichen. Hagrids Ablösung gelingt ihm zwar nicht, aber er betreibt massiv die Hinrichtung Seidenschnabels. Für Hagrid ist er »Schnäbelchen«, und wie mütterlich sein Herz an ihm hängt, darauf soll hier nicht herumgeritten werden.

BÖSE OMEN UND SEROTONIN

Aber auch Harry Potter hat Sorgen in diesem Jahr, und Sorge ist noch das zu schwache Wort. Harry lebt in ständiger Todesangst. Schon im Ligusterweg fühlt er sich von einem schwarzen Hund verfolgt, und Zeichen des Todes starren ihn aus Orakelbüchern an. Auch Professor Trelawney trägt nicht zu seiner Beruhigung bei. Sibyll Trelawney ist, wie der Name verrät, eine Sibylle und Lehrkraft im neuen Fach »Wahrsagen«. Sie sieht ungefähr aus wie Joyce Carol Oates, trägt viele Armringe und schweres Parfüm, die Lampen in ihrem überheizten Klassenraum sind mit roten Seidentüchern verhüllt, und verschleiert, aber angeregt ist ihre Stimme, wenn sie Harry in den Teeblättern das Todesomen zeigt.

Minerva McGonagalls Versicherung, die Kollegin sage jedes Jahr einem Schüler den Tod vorher, tröstet Harry nur kurz. Er ist nicht allein mit seiner Angst, auch Minister Fudge und Dumbledore sehen ihn tödlich bedroht. Es gibt dafür einen realen Grund: Der gefährlichste Voldemort-Anhänger, Sirius Black, ist aus Askaban geflohen. Die Wächter haben Black im Schlaf immer wieder von Hogwarts murmeln hören. Ein verrückter Mörder ist hinter Harry her; und ein äußerst kaltblütiger dazu. In einer belebten Straße hat Sirius Black am hellichten Tag mit einem Fluch zwölf Muggles in die Luft gejagt – aufwendige Angelegenheit fürs Ministerium, die Sache danach als Gasexplosion zu vertuschen. Von einem schaurigen Detail erfährt Harry erst später: Einen Zauberer hat es auch dabei erwischt, von dem nicht mehr als ein Finger übriggeblieben ist. Hatten wir davor nicht gehört, daß an der Vorderpfote von Rons alter Ratte ein Krällchen fehlt? Der Sturm der Handlung hält uns von der weiteren Betrachtung solcher Informationskrümel ab. Denn die Lage wird schnell kritischer – Harry kann sich nicht einmal mehr in Hogwarts sicher fühlen. Zweimal gelingt es Sirius Black, bis in den Gryffindor-Turm vorzudringen. Und das, obwohl vor den Mauern die Dementoren patrouillieren.

An den Dementoren kommt aber niemand vorbei. Das gilt sogar im übertragenen Sinn. Die Gefängniswärter Askabans, die von Dumbledore verabscheut werden und nur widerwillig für die weißmagische Seite arbeiten, sind eine Schöpfung, die in den Mythenfundus der Literatur eingehen wird. Wie so viele bleibende Erfindungen sind sie von fast beleidigender Einfachheit: übergroße, gesichtslose Wesen in schwarzen Umhängen – Tolkiens Ringgeister, es hilft kein Leugnen, sind nicht ganz fern. Ihr Kopf, oder was an dessen Stelle sitzt, ist von einer Kapuze verhüllt. Die Hände, die sie ausstrecken, sind verwest. Ein Dementor strahlt eisige Kälte aus und zieht alle Freude, alle Lebenslust und alle glücklichen Erinnerungen aus der Seele, die in seine Nähe gerät. Hagrid sagt schaudernd, nach kurzer Zeit bei ihnen wünsche man sich nur noch, im Schlaf zu sterben. Der Kuß des Dementors ist schlimmer als die Exekution: die Seele wird restlos ausgesaugt, der Geküßte wird im Sarg seines Körpers lebendig begraben. Auf diese Seelen sind die Dementoren hungrig;

wenn man ihnen die Nahrung zu lange vorenthält, machen sie sich auf die Suche danach.

Muggles können die Dementoren nicht sehen, aber sie spüren ihre Gegenwart. Sie haben auch ein Wort dafür, das sich zu Rowlings Geschöpfen verhält wie die Inscriptio zum Sinnbild im barocken Emblem. Das Bild zeigt die schwarzen Kapuzen; darüber steht *Melencolia*. Heute nennen wir es Depression.

In der Zeit, als die Autorin die Dementoren erfunden hat, ging die Meldung durch die Presse, der seelentröstende Effekt eines alten Hausmittels sei nun endlich wissenschaftlich erwiesen: es erhöhe die Ausschüttung von Serotonin. Kein Wunder, daß zur Linderung bei Dementoren-Qual nur Schokolade hilft.

DER VERRÄTER ALS FREUND

Harry hat seine erste Begegnung mit einem Dementor im Hogwarts-Expreß. Der Zug hält unvermittelt auf freier Strecke an, eine schwarze hohe Gestalt steigt ein und durchsucht die Abteile nach Sirius Black. Harry glaubt bei ihrem Anblick, in eiskaltem Wasser zu versinken, und hört die Schreie seiner Mutter, die Voldemort um sein Leben anfleht. Der kalte Sog zieht ihn hinab bis zur quälenden Urszene des Elternmords. Ohnmächtig liegt er auf dem Boden, bis Professor Lupin, der im Abteil sitzt, den Dementor mit einem Zauberspruch zum Weggleiten zwingt und einen Riegel Schokolade austeilt.

Lupin ist der erste Lehrer für Verteidigung gegen die schwarzen Künste, der sein Handwerk versteht. Die Dementor-Abwehr zählt zum Schwierigsten auf seinem Gebiet. Er gibt Harry Privatunterricht, was nötig wird, weil der Geplagte beim bloßen Anblick von Dementoren vom Besen fällt und schon fast gewonnene Quidditch-Spiele ruiniert. Von Lupin lernt Harry, wie man sich gegen den vernichtenden Kältesog schützen kann: mit dem Patronus. Der Patronus ist eine Art Dschinn, der sich silbrig aus der Spitze des Zauberstabs entlädt, wenn man sich mit viel Willenskraft auf eine glückliche Erinnerung konzentriert. Wie sein Name andeutet, hat der Patronus-Zauber mit dem Vater zu tun, den Harry immer schmerzlicher vermißt.

Immer mehr erfährt er über die Vorgeschichte der schrecklichen Nacht. James und Lily Potter wußten, daß Voldemort sie suchte, und sie wußten auch, daß er es auf das Baby abgesehen hatte; das macht der Wortlaut der Schreie klar, die Harry unter Dementor-Schock ins Ohr gellen. Sie wußten es und wurden dennoch überrascht. Den Grund dafür findet Harry heraus – etwas plump, künstlerisch gesehen –, als er ein langes Wirtshausgespräch belauscht. Harrys Eltern versuchen, sich durch den Fidelius-Zauber zu schützen; avancierte Magie, die bewirkt, daß sie ihr Geheimnis vor der Welt unsichtbar machen, indem sie es in das Gehirn eines Geheimniswahrers verpflanzen. Der Zauber sorgt dafür, daß sie an einem versteckten Ort leben können und Voldemort sie selbst dann nicht fände, wenn er durchs Fenster in ihr Wohnzimmer schaute – es sei denn, der Geheimniswahrer hätte sie verraten. Und dieser Geheimniswahrer und Verräter, Harry hört es mit wachsendem Haß, war kein anderer als Sirius Black.

James Potter hatte drei Freunde in Hogwarts. Der engste von ihnen, so eng, daß James ihn sogar zum Paten für Harry bestimmte, war der spätere Flüchtling aus Askaban. Der zweite war Peter Pettigrew, von dem nur ein Finger übrigblieb, nachdem er Sirius hatte stellen wollen – das Zaubereropfer der großen Londoner Explosion. Der dritte lebt noch und erteilt Harry Unterricht. Es ist Professor Lupin.

DIE SILBERNE KUGEL

Lupin trägt abgenutzte Kleider, er ist aufmerksam zu den Schwächsten, er bedeckt die Wunden der Kinder mit dem Mull der guten Worte, sogar Neville Longbottom bekommt ein Lob von ihm – kurzum, er ist Rowlings Lieblingsfigur. Aber er scheint nicht besonders gesund zu sein. Er ist frühzeitig ergraut, und seine Stunden fallen immer wieder wegen Krankheit aus.

Lupins Krankheit hatte ihre Symptome schon in der Zeit gezeigt, als Harrys Vater mit ihm befreundet war. James Potters Bande stand im Ruf großer Unverfrorenheit, dabei war deren größte noch gar nicht bekannt. Die Freunde waren heimliche Animagi, das heißt, sie hatten den Zauber gelernt, sich in Tiere zu verwandeln. Normalerweise sind alle Animagi beim Ministerium registriert, diese vier aber tauchten auf keiner Liste auf. James Potter verwandelte sich regelmäßig in einen weißen Hirsch, Sirius Black, sein Name sagt es, in einen schwarzen Hund, Peter Pettigrew in eine Ratte, und Remus Lupin – aber der ist kein Animagus im klassischen Sinn.

Lupin führt ein Doppelleben, und man muß schon so scharfsinnig wie Hermione sein, um ihm auf die Spur zu kommen. Auch Harry und der Leser hätten ihre Chance gehabt; die Autorin hat ihnen nicht verboten, besser aufzupassen. Sie hält das Beweisstück eine Sekunde lang hoch – leider in einem Moment, in dem wir gerade abgelenkt sind.

Der erste Schritt zur Dementor-Abwehr ist die Übung mit dem Irrwicht, die Lupin mit der ganzen Klasse durchführt. In der nicht-magischen Welt heißt die Methode *Flooding* und wird von Therapeuten bei Phobien angewandt: der Phobiker wird ohne viel Federlesens dem Auslöser seines Grauens ausgesetzt. In einem Schrank hockt der Irrwicht, ein formloses Plasma. Öffnet man den Schrank, liest der Irrwicht seinem Gegenüber den größtmöglichen Angstauslöser aus der Seele ab und formt sich blitzschnell nach dessen Gestalt. Der eine hat Angst vor Spinnen, es erscheint eine Spinne, der andere vor Professor Snape, es erscheint Snape. Lupin verscheucht nebenbei eine silbern schimmernde weiße Kugel. Irgendeiner fragt, warum Lupin wohl Angst vor Kristallkugeln habe. Als auch noch Professor Trelawney erzählt, Lupin sei panisch geflohen, als sie für ihn in die Kristallkugel habe blicken wollen, ist es offensichtlich: der Ärmste hat Angst vor der Zukunft, bestimmt ist er todkrank.

Der Trick besteht in der falschen Benennung. Die kleine weiße Kugel formt nicht eine Kristallkugel nach, sondern den Vollmond, den Lupin mehr fürchtet als alles andere. Remus

Lupin, sein Name hätte es verraten sollen, ist ein Werwolf. Seit er als Kind gebissen wurde, verwandelt er sich einmal im Monat in eine gefährliche Bestie. Allein Dumbledore ist es zu verdanken, daß er als Schüler in Hogwarts aufgenommen wird, wo niemand von seiner zweiten Natur wissen darf. Wenn Remus einmal im Monat seine Wolfstage hat, zieht er sich durch einen Geheimgang in die »Heulende Hütte« zurück, in der es nicht heult, weil es spukt, wie Dumbledore streuen läßt, sondern weil Remus sich selbst zerfleischt.

Selbst seine Freunde brauchen fünf Jahre, um dahinterzukommen. Dann werden sie Animagi und begleiten Lupin in Tiergestalt, in der ihnen keine Gefahr von ihm droht. Als er Jahrzehnte später nach Hogwarts zurückkehrt, weiß das Kollegium über ihn Bescheid. Snape braut ihm einen Trank, der ihn zwar nicht vor Verwandlung schützt, aber dafür sorgt, daß er dabei den Verstand behält. Während der Krankentage rollt Remus sich als zahmer Wolf in einer Ecke seines Büros zusammen. Unter dem Schloßfenster lauert der einstige Freund.

KREUZWORTRÄTSEL IM VERLIES

Arthur Weasley hat seinen großen Preis nicht umsonst gewonnen. Der Familie erlaubt er die Reise nach Ägypten, und dem *Daily Prophet* erlaubt er einen großzügigen Bildbericht. Die Autorin schmuggelt diesen Artikel zwischen die ersten Seiten ein, und er landet anschließend nicht im Altpapier.

Als er ihn bei seinem letzten Inspektionsbesuch in Askaban gesehen habe, sei der Gefangene auf unheimliche Weise ruhig und normal gewesen, erzählt Minister Fudge in der Mitte des Buchs. Sirius Black habe ihn sogar um seine Zeitung gebeten, wegen des Kreuzworträtsels. Das ist in der Tat beeindruckend, daß jemand, anstatt schon nach wenigen Wochen Anzeichen von Irrsinn zu erkennen zu geben, wie sonst in Askaban üblich, noch nach zwölf Jahren die Nerven hat, sich die Zeit mit Kreuzworträtsellösen zu vertreiben. Ein besonders hartgesottener Bursche, denkt man, bis sich herausstellt, daß in ebendieser Zeitung das Photo von den Weasleys in Ägypten abgebildet war. Auf diesem Photo entdeckt Sirius mit einem Blick, welche Ratte auf der Schulter des einen Weasley-Sohns sitzt. Es ist sein vermeintliches Opfer Pettigrew.

Denn in Wahrheit war wieder alles umgekehrt. Der ängstlichste aller Lehrer entpuppte sich als Satanist, die Kammer des Schreckens wurde von der süßen kleinen Ginny geöffnet, und der Mörder aus Askaban hat eine Weste so weiß wie Schnee. Nicht Black ist der Verräter von Potters Eltern, sondern der vierte Freund, Peter Pettigrew. Black hat Harrys Eltern überredet, den Fidelius-Zauber auf den unscheinbaren Mitläufer zu übertragen, um Voldemort in die Irre zu führen. Doch Pettigrew ist korrupt und spioniert schon lange für den aufsteigenden Lord. Nach dessen Niedergang rettet er sich, von Black in die Enge getrieben, durch ein Massaker. Es ist Pettigrew, der in der belebten Straße Black schreiend des Verrats an den Potters bezichtigt und mit dem Zauberstab hinter seinem Rücken ein Dutzend Muggles in die Luft sprengt. Er opfert einen Finger, um seinen Tod vorzutäuschen (haben Zauberer DNA-Analyse?), verwandelt sich in eine Ratte, taucht in ein Kanalloch ab und überwintert zwölf Jahre lang bei den Weasleys, die sich über den schäbigen Methusalem unter ihren Haustieren nicht mehr Gedanken machen als über die Kralle, die seiner Vorderpfote fehlt. Black überlebt den Hochsicherheitstrakt in Askaban, weil er sich nichts vorzuwerfen hat. Das ist kein glücklicher Gedanke, also auch keiner, den die Dementoren aus ihm heraussaugen können; aber er bewahrt ihn davor, den Verstand zu verlieren.

Als er im *Daily Prophet* die Ratte wiedererkennt, macht er sich in Animagus-Gestalt auf die Flucht, schlüpft als Hund durch die Gitter an den blinden Dementoren vorbei – man fragt sich, warum erst jetzt –, schwimmt ans Festland und setzt sich auf die Fährte Harrys, der in seiner Schule in unmittelbarer Nähe des Voldemort-Spions lebt, wie Black der Bildunterschrift des Photos entnimmt. Zur selben Zeit sitzt die Ratte Krätze mit Ron und Harry im Hogwarts-Expreß, und nur das sirrende Spickoskop zeigt uns ihr Verrätertum an; nicht ohne uns auf dumme Gedanken zu bringen, was Hermiones Kater oder, Fluch über uns, gar diese selbst betrifft.

LICHTBLITZE

Zum Finale – dem ersten von zweien, das uns Rowling in diesem dichtesten und rundesten Band der Tetralogie beschert – trifft die alte mit der jungen Generation zur Aufklärung in der Heulenden Hütte zusammen. Sirius Black und Lupin zwingen Krätze, sich zurückzuverwandeln; ein kleiner pummeliger Mann wuchert vor ihren Augen aus Rons Ratte hervor. Hätte Black nur früher darauf geachtet – Pettigrew ist dick, und Dicke mag Rowling definitiv nicht; eine Pfundnote für jedes »fett«, das sie Dudley und Vernon anhängt, und die Dursleys könnten sich zur Ruhe setzen. Dennoch, und obwohl Pettigrew nach anfänglichem Leugnen schlotternd seine Schuld gesteht, verschont Harry dessen Leben, was sich in einem zukünftigen Band bezahlt machen wird. Beim Heimweg durch den Tunnel bietet Black seinem Patenkind Harry an, es könne in den Ferien bei ihm leben. Harry freut sich, aber zu früh. Sie haben nicht mit einer silbrig leuchtenden Kugel gerechnet. Lupin hat in der Aufregung vergessen, seinen Trank einzunehmen, und wird zum reißenden Werwolf, als das Mondlicht durch den Wolkenhimmel bricht; der gefesselte Pettigrew nutzt die entstehende Panik, verwandelt sich in die Ratte zurück und entwischt.

Ganz überraschend kam diese Flucht nicht. Sie wurde von einer Person vorhergesehen, von der man es am wenigsten erwartet hätte. Daß sie auch ihr diese späte Verwandlung gönnt, beweist wieder Rowlings Sinn für Balance. Scharlatan Trelawney, die esoterische Trulle, stellt sich als echtes Medium heraus. Am Mittag des ereignisreichen Tags fällt sie mitten in Harrys Prüfung plötzlich in Trance, an die sie sich später nicht mehr erinnern kann. Sie rollt die Augen und verkündet mit tiefer Stimme, der Schwarze Lord werde noch an diesem Abend Zulauf erfahren und mit Hilfe seines Knechtes zu schrecklicher Macht wiedererstarken. Als Dumbledore später davon erfährt, bemerkt er, damit habe sich die Zahl ihrer wahren Vorhersagen auf zwei erhöht; er erwäge eine

Aufstockung ihres Salärs. Von der ersten, gewiß ebenso dramatischen Prophezeiung werden wir in einem der zukünftigen Bände hören.

Es gibt jemanden, der nicht in Trance fallen mußte, um das Übel vorherzusehen. Hermiones häßlicher gelbäugiger Kater Krummbein hat die Ratte vom ersten Moment an durchschaut. Krummbein kann Menschensprache verstehen, er stibitzt einen Zettel mit dem Gryffindor-Paßwort vom Nachttisch, er kennt den Stop-Knoten an der Peitschenden Weide (ein um sich schlagender Baum, der den Eingang zu dem Tunnel beschützt, der zur Heulenden Hütte führt); er rettet Black das Leben, indem er schützend auf seine Brust springt, als Harry ihn mit dem tödlichen Zauberfluch belegen will. Genau betrachtet, ist die Katze die bestinformierte Person des Buchs. Jeder andere, selbst Dumbledore, befindet sich die längste Zeit in irgendeinem Irrtum, nur Krummbein bewahrt von Anfang an den Überblick.

Sind alle Katzen in der magischen Welt übersinnlich begabt, wie schon Mrs Norris nahezulegen schien? Oder ist auch Krummbein ein Animagus, die Interimshülle eines Zauberers?

WANDERNDE PÜNKTCHEN

Es gibt einen Grund, der gegen diese zweite Möglichkeit spricht: Harry und Lupin haben zu oft die Karte des Rumtreibers studiert.

The Marauder's Map ist eine magische Karte, die Harry von den Weasley-Zwillingen vermacht bekommt; ein würdiger Erbe schon deshalb, weil sein Vater bei ihrer Anfertigung beteiligt war. Auf den ersten Blick ist sie nur ein zerfranstes Blatt Pergament. Tippt man dieses Pergament mit dem Zauberstab an und schwört dabei den korrekten Eid, entspinnt sich ein Liniengeflecht, das jede Einzelheit des Schloßareals zeigt. Das Besondere dieses Plans sind nicht die sieben Geheimgänge, die Harry entdeckt, sondern kleine Tintenpunkte, jeder mit einem Namen in winziger Schrift versehen. Diese beweglichen Punkte geben den Aufenthaltsort aller Hogwarts-Bewohner an. Die kleine Tintenfigur Dumbledores geht im Büro auf und ab, der Poltergeist Peeves hüpft im Pokalzimmer, Mrs Norris schnüffelt am Fußboden; das alles kann man auf der Karte sehen. Ihr Auflösungsgrad ist erstaunlich, das Beste aber ist ihre Unbestechlichkeit. Wirf dir einen Tarnumhang über, verwandle dich in ein Tier – es hilft nichts, die Karte zeigt dich mit vollem Namen an. Und darum kann Krummbein kein Animagus sein, wenn die Autorin nicht patzt: es wäre Harry oder Lupin beim Kartenstudium irgendwann aufgefallen.

Die Karte des Rumtreibers ist nicht das einzige magische Hilfsmittel, bei dem man sich an Muggle-Artefakte erinnert fühlt. Das Zauberpergament entstand, bevor es kleine Bildschirme mit Straßenkarten und beweglichen Punkten darauf in den Autos gab, die sich Rowling ohnehin nicht hätte leisten können. Aber es entstand nach *Alien I*, in dem ein solches Pünktchen, dem sich ein größeres schnell nähert, der machtlos zusehenden Mannschaft im Kontrollraum das Blut gefrieren läßt.

Harry Potter hätte nicht vor dreißig Jahren geschrieben

worden sein können. Vieles ist, rubinrot verfärbt, aus der Muggle-Welt nach Hogwarts eingedrungen, was Herrn Weasleys Herz höher schlagen lassen würde. Die Zauberstabduelle ähneln den Laser-Duellen aus dem *Krieg der Sterne*. Das Apparieren, mit dem man verschwindet und im nächsten Moment am gewünschten Zielort erscheint, ist verbessertes Beamen. Die *back*-Taste des Computers, mit der die letzten Eingaben rückgängig gemacht werden, wird zu »Priori Incantatem«: der Zauberstab wiederholt die letzten Befehle der Reihe nach rückwärts. Und woran erinnert die Technik, in der Harry mit Riddles Tagebuch verkehrt – er schreibt seine Frage, gleich erscheint die geschriebene Antwort, er endet mit »Okay«, ein winziges Fenster wie ein Fernsehschirm poppt auf? Ein Tip: Es ist nicht die französische Katze gemeint.

DIE UMGEDREHTE SANDUHR

Das verbotenste aller technischen Hilfsmittel setzt Rowling zum zweiten Finale ein. Vor dem Treffen mit Ratte und Hund besuchen Harry und Hermione die Hütte ihres lange vernachlässigten Freundes Hagrid, der vor Schmerz zerfließt: Lucius Malfoy hat sich durchgesetzt, der Hippogreif Seidenschnabel wird exekutiert. Das Komitee mit dem Scharfrichter ist schon eingetroffen, um das Urteil sogleich zu vollstrecken. Ungläubig entsetzt hören Harry und Hermione auf dem Heimweg zum Schloß den dumpfen Schlag der Axt, anschließend Hagrid, wie er in wildes Heulen ausbricht.

Nach der Verwandlung Lupins und dem Entwischen des Voldemort-Spions wird Sirius Black im eisigen Nebel von einer Hundertschaft hungriger Dementoren bedrängt. Sie setzen schon an zu ihrem seelenraubenden Kuß, da kann Harry sie mit Hilfe einer Gestalt am anderen Ufer des Sees vertreiben. Die Gestalt ist verschwommen, aber er meint fast, so unmöglich es scheint, seinen Vater in ihr zu erkennen. Unterdessen wird der ohnmächtige Black von Snape abgeführt und Minister Fudge übergeben, der den Kindern nicht glaubt und beschließt, den gefürchteten Verbrecher ohne Prozeß den Dementoren auszuliefern. Harry und Hermione liegen im Krankenzimmer, da besucht sie Dumbledore und macht ihnen eine kleine Andeutung. Es gebe mehr als ein unschuldiges Leben zu retten; das einzige, was man brauchte, wäre etwas mehr Zeit.

Und jetzt kommt der Trick am Rande der Legalität. Wir erfahren, was es mit Hermiones rätselhafter Stundenüberlastung und Dreifachbelegung auf sich hat. Sie benutzt den Zeitumkehrer, den ihr Professor McGonagall durch eine Ausnahmeregelung erlaubt. Was er der Autorin erlaubt, ist strikt verboten und genial. Sie erzählt das Ganze noch einmal.

Harry und Hermione drehen das magische *hour-glass* drei Stunden zurück. Sie huschen zu Hagrids Hütte, wobei sie aufpassen müssen, sich nicht selbst zu begegnen, binden leise den Hippogreif los, führen ihn in Sicherheit und hören noch, wie der Scharfrichter mißmutig die Axt in den Richtblock hackt, als er entdeckt, daß der Delinquent verschwunden ist. Hagrid weint vor Glück laut auf. Wieder rücken die Dementoren an, und Harry sieht sich auf der anderen Seite des Sees, wie er vergeblich versucht, seinem Zauberstab einen Patronus zu entlocken. In letzter Sekunde begreift er, daß er selbst es ist, der sich zu Hilfe kommen muß: Er selbst war die Gestalt am jenseitigen Ufer, die er für seinen Vater gehalten hatte, und er selbst muß sich als zeitreisender Doppelgänger das Leben retten. Er vertreibt die Dementoren mit einem Patronus, der ihm als weißer Hirsch erscheint. Gerade noch rechtzeitig fliegt er mit Hermione auf Seidenschnabel zum Schloßfenster im siebten Stock, hinter dem Sirius Black seiner letzten Stunde harrt. Es ist eine Umkehr von Bruegels *Blindensturz*: der eine Gerettete zieht den andern mit, Black entschwindet im Nachthimmel auf Schnäbelchen, und Harry und Hermione rennen zurück in den Krankentrakt. Dumbledore erwartet sie; er lauscht in ihr Zimmer, ob er Atemgeräusche hört – nein, sie sind gerade schon fort, also kann er sie wieder hereinlassen und die Tür von außen verschließen (sonst lägen zwei Harrys und zwei Hermiones im Krankenzimmer der ohnehin überlasteten Madame Pomfrey). Severus Snape schäumt, weil Blacks unerklärliche Flucht ihn um den Merlin-Orden erster Klasse bringt. Er hat Harry in starkem Verdacht, kann aber nichts erwidern, als Dumbledore ihm vor Augen führt, daß der Verdächtige die ganze Zeit in der Krankenstation eingeschlossen war.

Womit sich doch eine kleine Frage aufwirft. Nicht die nach den logischen Schleifen und Paradoxien der Zeitreisen und Bifurkationen, die eine Bibliothek für sich füllt und die wir uns hier ersparen wollen, wie die Autorin sie sich erspart. Nein, etwas anderes: Sollte Snape, schon so lange im Lehr-

und Magierbetrieb, noch nie etwas von dem elementaren Zauber des *time-turner* gehört haben? Dumbledore stößt ihn doch geradezu darauf, wenn er davon spricht, daß Harry sich schlecht an zwei Orten gleichzeitig aufhalten könne. Daß Hermione sich Woche für Woche an *drei* Orten gleichzeitig aufhält, hätte Snapes Ohr im Lehrerkollegium nie erreicht? Und Fudge, dessen eigenes Ministerium die Genehmigung für den Zeitumkehrer erteilt? Das ist die größte Unwahrscheinlichkeit der Episode, von der ein Geheimgang zu einer allerdings noch größeren, zu der letzten und mystischen Unwahrscheinlichkeit führt.

DAS GLÜHENDE SCHWERT

Im *Feuerkelch* gibt es einen Lehrer, dessen Auge frei herumrollen und sogar durch Tarnumhänge sehen kann. Setzen wir uns dieses Auge einmal leihweise ein und betrachten wir unter den Falten des Stoffs nur das Knochengerüst der Struktur. Was bewirkt das magische Mittel der Zeitreise? Es führt erstens dazu, daß ein Mord verhindert, wenn nicht rückgängig gemacht wird (in der Zeitschleife oder Parallelwelt, in der Harry nicht zum *time-turner* greift, findet die Hinrichtung des Hippogreifs statt; ein Gedanke, den wir hier wegen Schwindel abbrechen, den die Anordnung jedoch nahelegt). Zweitens führt die Zeitreise dazu, daß Harry seinen Vater sieht. Genau diese Motiv-Kopplung von Zeitumkehr und Totenerscheinung wird im vierten Band wiederholt. Dem Zurückdrehen der Uhr entspricht der »Priori Incantatem«-

Effekt, das Rückwärtsabspulen der letzten Befehle, zu dem es beim Zauberstabduell mit Voldemort kommt. Auch hier bewirkt die Magie, daß Harry seine Eltern sieht.

Und eine weitere motivische Doppelung fällt auf. Was wir von der Mordnacht miterleben, fließt uns nur aus akustischer Quelle zu. Wir hören die Schreie der Eltern, aber zu sehen bekommen wir nichts. Wie wenig Verlaß auf das Gehörte sein kann, ist nun gerade die Pointe der Zeitumkehr. Für den Ohrenzeugen ist das Geschehen eindeutig; Harry hört den Schlag der Axt und Hagrids Heulen, wir alle müssen glauben, die Exekution sei vollstreckt. Erst beim zweiten Durchgang klärt sich der wahre, genauer gesagt: der durch eben diesen zweiten Durchgang geschaffene Sachverhalt. Ist es mit der Urszene ähnlich, wird Rowling auch sie noch einmal und dann richtig erzählen? Und ist es Zufall, daß alle diese Motive in eine unmögliche Richtung weisen – die Rücknahme des Elternmords?

Kein Zufall ist es jedenfalls, daß Harry am Seeufer von dem weißen Hirsch gerettet wird, dem Animagus-Tier seines Vaters. James Potter lebe in seinem Sohn weiter und komme ihm in der Not zu Hilfe, erklärt Albus Dumbledore. Der weiße Hirsch wäre die nach außen geworfene Erscheinung eines inneren Wunschbildes, und so wäre es auch pädagogisch korrekt. Aber ist diese Deutung vielleicht genau das, eine pädagogische Erklärung *ad usum delphini*? Mit anderen Worten: lebt Harrys Vater nicht vielleicht wirklich noch?

Die Frage ist nicht ganz so abwegig, wie sie klingt. Schließlich ist auch Peter Pettigrew tot, und nur ein Fingerknöchel bleibt übrig von ihm; denken wir, bis er quicklebendig aus der Haut von Rons Ratte platzt. Im vierten Band stirbt jemand in Askaban; denken wir, bis er in fremder Gestalt Harry in sein Bürozimmer zieht. Wozu dieses Motiv des scheintoten Personals, das im verborgenen lebt, wenn es nicht auf etwas vorausdeuten soll? Was spricht dagegen, daß Harrys Vater dem Mordanschlag entkam, daß er sich als Animagus versteckt hält und im letzten Band wunderbar wiederkehrt?

Nicht nur Joanne Rowlings guter Geschmack und ihre wiederholten deutlichen Auskünfte, genau dies werde nicht geschehen. Harrys Eltern sind wirklich umgekommen, die Mordnacht ist von vielen Zeugen überliefert, auch von Hagrid, der die beiden Leichen gesehen hat. Natürlich kann man auch diese Fakten umdeuten; man denke an Jules Verne, der uns im *Kurier des Zaren* auf Abenteuerfahrt mit einem blinden Helden schickt, von dem wir am Ende erfahren, er sehe eigentlich ganz ordentlich, bei seiner Blendung durchs glühende Schwert habe ihn gottlob ein Tränenfilm geschützt. Auch wenn Rowling etwas weniger schwertstreichartige Finten einfallen dürften, post festum die Geschäftsgrundlage auf den Kopf zu stellen – in diesem Falle verbieten sie sich. Man intrigiert nicht leichtfertig mit dem Tod, wenn man ihn so schwer nimmt wie dieses Kinderbuch.

Harrys Eltern sind tot, aber auch Lazarus war tot, und der Phönix ist es immer wieder. Joanne Rowling macht nicht mit billiger Magie die Blinden sehend und die Gestorbenen lebendig. Statt dessen legt sie ihrem Werk eine schwache metaphysische Spannung an. Diese Spannung bildet Muster und Motivkristalle aus, noch bevor sie sich an der Oberfläche der Handlung zeigt. Nein, die Toten dürfen nicht wiederkehren. Aber daß sie es könnten, ist der Hauch des Zweifels und das silbrige Zwielicht, das über diesen Bänden liegt, die jener Hauch vielleicht erst ins Leben gelockt hat.

IV. DER FEUERKELCH

DER GÄRTNER FRANK

In einem der seltenen Interviews, in dem Joanne Rowling nicht über Misere und Erfolg, sondern über Literatur befragt wird, zitiert sie bewundernd einen Satz Virginia Woolfs: von allen großen Schriftstellerinnen und Schriftstellern sei Jane Austen am schwierigsten beim Großsein zu erwischen. Dieser Satz traf bisher auch die Austen-Verehrerin selbst. Beim Beginn des vierten Buches läßt sie sich endlich einmal erwischen.

Das erste Kapitel des *Feuerkelchs* schlägt wie ein Meteorit in die Potter-Landschaft, und es bleibt nicht der einzige in diesem bislang kühnsten und düstersten Band. Wir sind nicht mehr mit Harry im Ligusterweg, Rowling versetzt uns an einen unbekannten Ort, wir blicken durch die Augen einer unbekannten Figur. Man muß sich klarmachen, was ein solcher Anfang bedeutet. Er zeigt den Anteil der literarischen Größe, der immer im Schatten liegt, gewissermaßen ihre erdabgewandte Seite: die Kunst der Vermeidung. Nichts hinderte die Autorin, so fortzufahren wie bisher; der Erfolg sprach schließlich für sich. Aber Rowling vermeidet die selbstgeschaffene Konvention und riskiert das ganz Neue.

Und sie tut gut daran. Noch ein erstes Kapitel, in dem Harry von den Dursleys geschnitten wird, und man hätte zu murren begonnen. Noch ein Quidditch-Turnier in Hogwarts, und man hätte die Augen verdreht. Also fängt sie es diesmal ganz anders an. Aus dem Quidditch-Turnier macht sie das Finale einer Weltmeisterschaft, zu dem hunderttausend Zauberer zusammenströmen. Das lokale Spektakel wird in eine Dimension gehoben, die man ihm nie zugetraut hätte. Aus dem in seiner Ungemütlichkeit gemütlichen ersten Kapitel macht sie etwas ganz Fremdes, Verstörendes.

Wir wissen nicht, wo wir sind, wenn wir den *Feuerkelch* aufschlagen. Ein menschenleeres Haus auf einem Hügel, in dem ein halbes Jahrhundert zuvor eine Untat geschah: die Großeltern Riddle und ihr Sohn Tom wurden tot aufgefunden, ermordet offenbar, auch wenn die Obduktion ergebnislos bleibt. Für kurze Zeit steht der Gärtner des Hauses in Verdacht, ein Kriegsversehrter namens Frank, der nach seinem Freispruch aus Mangel an Beweisen weiter im Gärtnerhaus des immer mehr verfallenden Anwesens lebt. Am Abend unserer Erzählung sieht er in den oberen Fenstern Licht. Trotz stark schmerzendem Bein humpelt Frank durch den Hintereingang in das modrig riechende, von einer Staubschicht bedeckte Treppenhaus. Auf dem Treppenabsatz bleibt er stehen und hört zwei Männerstimmen aus dem Zimmer am Ende des Gangs, durch dessen Türspalt das Licht eines Kaminfeuers fällt. Frank belauscht die Pläne, über die jemand mit seinem unterwürfigen Diener spricht. Aber so wenig ihm der Name »Harry Potter« sagt, so wenig kann er sich das fauchende Zischen deuten, in das die kalte hohe Stimme des Herrn plötzlich überwechselt. Der Leser entnimmt diesen Plänen, daß Peter Pettigrew, denn er ist der Diener, mit Hilfe eines Hogwarts-Getreuen Harrys Entführung ins Werk setzen soll. Unser Gärtner begreift davon nichts, er umklammert seinen Stock und lauscht, bis sich eine riesige schwarze Schlange an ihm vorbei in Wellenlinien ins Kaminzimmer windet. Das Parselgezisch geht weiter, Frank wird hereingerufen, für eine Flucht ist es zu spät, und sein Trick, eine daheim auf ihn wartende Ehefrau zu erfinden, wird von dem abgewandt im Stuhl Sitzenden, als »Lord« angeredeten Herrn verächtlich abgetan: er weiß alles, und also auch, daß der Gärtner alleine lebt. Mit letztem Mut fordert Frank den noch immer abgewandt Kauernden auf, ihm ins Gesicht zu schauen. Langsam dreht der Diener den Lehnstuhl, bis Frank das Etwas darin sitzen sieht. Er schreit so laut, daß er nicht hört, was Voldemort murmelt; ein grünes Licht blitzt auf, Frank bricht zusammen und ist tot, bevor er den Boden berührt.

Wenn es eine Figur gibt, die beweist, daß Rowling die Grenzen der Genreliteratur überwindet, dann ist es dieser nur für einen Blitztod auftretende Frank, der sich nichts sehnlicher wünscht, als mit einer Wärmflasche im Bett zu liegen. Die Würde, die Rowling ihm verleiht, ist die Würde der Literatur schlechthin, der nichts zu gering ist für die kühle caritas ihrer Details.

Das Kapitel ist damit noch nicht erschöpft. Unter den Fragen, die es offen läßt, ist eine, die hinter ihrer strahlenden Banalität womöglich Abgründiges verbirgt. Wer genau hat Franks Lebensabend finanziert? Das Haus der Riddles, über dem seit der Mordtat kein Segen liegt, wechselt häufig die Besitzer. In den letzten Jahren wird Frank von einem reichen Mann bezahlt, der sich das Anwesen angeblich aus steuerlichen Gründen hält und dessen Namen und Hintergrund die Autorin etwas zu ostentativ verschweigt. Frank könnte von einer Rente gelebt haben, sie war nicht verpflichtet, ihn fürs Unkrautjäten mit einem schattenhaften Geldgeber zu versehen. Im nachhinein spricht viel dafür, daß dieser Hausherr Voldemort ist, der sich an den Ort des Verbrechens zurückbegibt, wo das für spätere Operationen benötigte Grab der Ermordeten liegt – denn er war es, der dort in der Jugend seinen Vater und seine Großeltern mit einem Fluch umgebracht hat. Aber Voldemort schwebte die letzten dreizehn Jahre lang zwischen Leben und Tod, und wenn er nicht recht präsentabel war, so war er gewiß noch weniger flüssig.

Wer war der Strohmann, der für ihn die Schecks ausgestellt hat? Lucius Malfoy war es nicht, er blieb in Deckung in der Zeit, als Voldemort verschwunden und geschlagen schien. Die größte Überraschung – oder schon ein Theatercoup – wäre es, wenn sich die Spur des versteckten Anlegers in eben das Haus zurückverfolgen ließe, in dem sonst die ersten Kapitel spielen. Die Riddles waren unbeliebt, und sie hatten ein ausgeprägtes Ressentiment gegen die Welt der Zauberer. So kennt man es von den Dursleys. Frau Dursley ist die Schwester von Harrys Mutter, in deren Vergangenheit, oder der ihres Gatten James, es Verbindungen zur Familie Riddle gegeben haben mag. Lilys Mädchenname ist »Evans«, worin die von der Schlange Verführte steckt. Auch der ungeklärte Reichtum der Potters könnte mit diesen Verbindungen zusammenhängen. Das Gärtner-Kapitel hätte dann strukturelle Tiefen, die sich der Erstlektüre völlig entziehen.

Auch darum ist es ein Beispiel für das, was Rowling alles

kann. Das erste Kapitel des *Feuerkelchs* ist nicht nur perspektivisch kühn und außerordentlich suggestiv, es setzt nicht nur – mit der Frage nach dem Maulwurf in Hogwarts – den Spannungspunkt für den ganzen Band, es bereitet mit einem kleinen Zug einen viel größeren vor. In der Sprache des Schachs versöhnt Rowling, wie nur die Großmeister, Breite und Tiefe. Sie entwickelt ihre Figuren gleichmäßig, verliert keine aus den Augen und verfolgt über viele Züge hinweg ihre unauffällig eingeleitete, in die große Schlußverwandlung mündende Kombination. Dabei verwendet sie alle Mittel des *en passant*-Schlagens, der langen Rochade und des Rösselsprungs. Auch das Figurenopfer gehört dazu, nachdem der todesmutige Bauer oder Gärtner zurück ins Kästchen muß.

DAS UNSICHTBARE REICH

Das schlimme Bein hat sich Frank nicht durch Gartenarbeit zugezogen, sondern im Krieg. Dreimal ist im ersten Kapitel des *Feuerkelchs* vom Krieg die Rede, und es ist kein Koboldaufstand damit gemeint. Rowling schleust das Thema schon bei der ersten Zugfahrt nach Hogwarts ein, versteckt im Innern einer Schokofrosch-Packung. Aus merkantilen Gründen liegen diesen Süßigkeiten Sammelkarten mit berühmten Magiern bei. Eine Karte, die in Harrys Schachtel steckt, zeigt Albus Dumbledore. Dessen Ruhm, erfahren wir durch die Bildunterschrift, beruhe auf seinem Sieg über den Schwarzmagier Grindelwald im Jahr 1945. Daß von Grindelwald in den folgenden Bänden nie mehr die Rede ist, heißt nicht, daß er sich nicht später als Mentor Voldemorts erweisen kann. Auch ohne Grindelwald wird jetzt schon deutlich, daß Rowling sich in *Harry Potter* einer These Thomas Manns anschließt, der im *Doktor Faustus* Deutschland mit dem Teufel paktieren ließ. Nur verfahren die Autoren jeweils umgekehrt: Der Roman über den deutschen Tonsetzer unterlegt das Historische mit dem Mythologischen, der Roman über den britischen Zauberer unterlegt das Mythologische mit dem Historischen. Bei Mann blitzt hinter dem Faschismus das Teuflische auf, bei Rowling blitzen hinter den Teufeln Faschisten auf.

Wie in der Potter-Literatur bemerkt, haben auch die Initialen Salazar Slytherins diesen Untersinn. Die Kammer des Schreckens, die er gegründet hat, wird im zweiten Band nach fünfzig Jahren wieder geöffnet; wenn man zurückrechnet, kommt man auf das Jahr 1942. Noch feiner abgestimmt ist die Chronologie im dritten Band. Lucius Malfoys Komplott zur Hinrichtung des Hippogreifs, die Schein-Anhörung in London, findet am 20. April, an Hitlers Geburtstag, statt; die Befreiung des Opfers erfolgt am 6. Juni, dem Tag der Landung der Alliierten in der Normandie, der Operation *Overlord*. Schon die Wahl dieses Datums beruhigt uns darüber, daß der Aufschwung, den Lord Voldemort an jenem 6. Juni erfährt, die finale Niederwerfung nur verzögern, nicht aber aufhalten kann.

Gleichwohl muß man hoffen, daß Rowling die Kammer dieser allegorischen Werkzeuge nicht allzu weit öffnen wird. Literarisch wirkungsvoller als das einsinnig Verschlüsselte ist ein gewisser Grad an Unbestimmtheit. Streng gesprochen, ist überhaupt nur die Mehrdeutigkeit Sache der Literatur; fürs Eindeutige genügt das Pamphlet oder Pasquill. Und gerade hierin, in der mehrdeutigen Erfindung, liegt Rowlings wahre Stärke. Ein Beispiel ist die Quidditch-Weltmeisterschaft, die Massenszene, die sie bravourös zu lenken und zu beleuchten versteht. Das Riesenstadion, umgeben von einem Meer aus Zelten und Lichtern, inmitten der friedlichen Zuschauer, und dann das wüste Après, als das dunkle Mal am Nachthimmel erscheint und Voldemorts Anhänger Muggles jagen, deren Gedächtnis anschließend gelöscht werden muß – was spielt hier nicht alles hinein! Das friedliche Zusammenströmen in der Provinz zum Massenerlebnis hat Woodstock-Züge; das Gedächtnis-Manipulieren erinnert entfernt an Roswell und die Welle der *Alien Abduction*, der Entführungen durch Außerirdische in den Neunziger Jahren. Die Cheerleader und Maskottchenteams stammen aus den Baseball-Stadien, und das Schwarze Mal, das in den Himmel aufsteigende Emblem Voldemorts – ein Totenkopf –, ist das einer gleichnamigen SS-Division. Die Zusammenrottung seiner vermummten Anhänger, die sich Todesser nennen, gleicht einem Aufzug des Ku-Klux-Klan beim nächtlichen Lynchen. Der Klan, genannt das Unsichtbare Reich, wird von dem Großen Hexenmeister regiert. Rowlings Hexenmeister läßt nicht Kreuze in Brand setzen, und seine Jünger teeren und federn ihre Opfer nicht. Sie lassen die Muggles zwanzig Meter über der Erde schweben und spielen eine makabre Art von Jo-Jo mit ihnen. Harry erkennt Mr Roberts, den Aufseher des Zeltlagers:

Die andern drei sahen aus, als könnten sie seine Frau und seine Kinder sein. Einer der Vermummten ließ Mrs Roberts kopfüber kippen; ihr Nachthemd rutschte herunter und enthüllte ihre bauschigen Schlüpfer; unter dem höhnischen Kreischen und Johlen der Menge am Boden versuchte sie verzweifelt, ihre Blöße zu bedecken. (IV, 128)

Diese kleine Szene enthält unangenehm viel Wahrheit über die Geschichtsgreuel in der Muggle-Welt. Und auch die vermeintlich gute Seite trifft Rowling mit der vieldeutigen Wahrheit der Literatur. Der erbittertste Gegner Voldemorts war früher Bartemius Crouch, ein hart durchgreifender Strafverfolger im Ministerium, der mit schmutzigen Mitteln die Todesser dezimiert und den die Strafe in Gestalt des eigenen Sohnes ereilt. Rowling hat für dieses Doppelportrait von Vater und Sohn viele Lebensläufe der letzten Jahrhunderthälfte übereinandergelegt. Es erinnert an die Kompositphotographie, eine Technik Francis Galtons, der viele Portraits auf einer Photoplatte übereinanderkopierte, bis sich eine Art Grundtyp ergab. Der psychologische Grundtyp der beiden Crouch ist überall gültig; es ist das Muster des bibelfesten Innenministers, dessen Sohn drogensüchtig wird, oder des Nazi-Funktionärs, dessen Sohn sich der RAF anschließt. Auch mit diesem Doppelbild folgt die Autorin dem Prinzip, daß die Gegensätze nicht klar voneinander geschieden sind, sondern sich ineinanderwinden oder aufeinander beruhen. Beide Crouch sind beteiligt an der Wiederaufrichtung des Dunklen Mals, das die aus dem Stadion zurückflutenden Massen in Panik versetzt:

Aus der Mundhöhle des Schädels quoll, wie eine Zunge, eine Schlange hervor. Sie sahen zu, wie der Schädel immer höher stieg, in grünlichen Dunst getaucht, doch strahlend hell, auf den schwarzen Himmel geprägt wie ein neues Gestirn. (IV, 137)

Das neue Gestirn hat Anhänger, deren Zahl in den nächsten Bänden stark anschwellen wird. Rowling nimmt es mit dem Dunklen ernst, dem es seit den Tagen jener Schlange an Verführungskraft nie gemangelt hat.

URANUS

Daß es überhaupt ernster und düsterer wird in diesem Band, merkt man schon am Wetter. Die durchschnittliche Niederschlagsmenge muß sich verdoppelt haben, und bei Harrys Ankunft in Hogwarts herrscht peitschender Sturm. Das Sonnige verschwindet, überall und zuerst im Wörtlichen. Was mit ihm verschwindet, ist das Unschuldige. Harry wird älter, aber das ist es nicht allein. Auch die Autorin wird älter und sammelt gemischte Erfahrungen. Das letzte Kapitel des siebten Bandes ist zwar schon geschrieben, aber das heißt nicht, daß ihre Heptalogie ein starres Gebilde wäre, das nicht mehr auf äußere Reize reagiert. Es ist schön, zu sehen, wie Joanne Rowling im vierten Band die Eindrücke des durch die ersten drei Bände erworbenen Weltruhms verarbeitet; vor allem bei Harrys plötzlicher Medienumworbenheit, seiner Angst vor Rampenlicht und öffentlichen Auftritten. Auch wenn ihm in

Interviews das Wort im Mund herumgedreht wird, liest es sich wie die Rache an der Journaille, unter der Rowling mit zunehmendem Ruhm zu leiden hatte.

Diese Rache ist allerdings ungewöhnlicher, nämlich prophetischer Natur. Die Vertreterin der Klatschpresse Rita Skeeter, Frau Kimmkorn, die giftige, vulgärpsychologische Artikel schreibt, wie Rowling sie hundertfach über sich ergehen lassen mußte, stand schon im Manuskript des ersten Bandes und wurde nur aus kompositorischen Gründen in den vierten verlegt. Rita Skeeter war fertig, bevor die Wirklichkeit sie nachreichen sollte; Beleg dafür, wie die Literatur dem Leben vorauszueilen pflegt.

Mrs Skeeter selbst hechelt dem Leben hinterher und läßt dabei alle Skrupel fallen. In ihren Enthüllungsartikeln zieht sie – verfrüht – die Freundschaft zwischen Harry und Hermione in Verdacht und verbreitet Details aus einem Tête-à-tête zwischen Hermione und dem in Hogwarts eingetroffenen Quidditch-Star Viktor Krum. Dreimal gibt es solche intimen Situationen, bei denen niemand dabeigewesen sein kann und über welche die lästige Bremse dennoch alles weiß.

Auch ohne fragwürdige Recherchemethoden hätte sie dabei herausgefunden, was offensichtlich ist: die Kinder kommen in die Pubertät. Ein neuer Planet zieht über Hogwarts auf. Es wird nervös zwischen den Geschlechtern. Harry verliebt sich in die Ravenclaw-Sucherin Cho. Ron merkt nicht, daß er anfängt, Hermione als Frau zu sehen. In ihrem neuen erotischen Glanz wird sie, wie Cinderella, auf dem Abendball nicht erkannt.

Rowling nimmt nicht nur das Inhumane ernst, sie nimmt

auch den Eros ernst. Der Unterschied zu Tolkien, bei dem der Eros in die Sprache geflüchtet ist und die Fortpflanzung durch Parthogenese geschieht, könnte nicht größer sein. Tolkiens Welt ist fast frauenlos, die Buben leben unter sich – im Krieg gegen die Orks wie Tolkien mit seinen Kameraden in der Somme-Schlacht, im Auenland wie Tolkien mit seinen Oxforder Freunden bei den wöchentlichen Treffen der *Inklings*.

Bei Rowling dagegen gibt es nicht nur die Alraunen, die sich (mit den bekannten Folgen) über Nacht in ihren Töpfen besuchen. Es gibt Frauen, gegen die unsere Britneys und Madonnas nur fade Urscheln sind: die Gattung der Veela – halb Sirene, halb Harpye, und doch neu als im Fleisch wandelnde Sinnfigur der Verführung und Verwirrung durch sexuelle Anziehung, die stärker ist als jede Vernunft. Rowling hat ihre äußere Beschreibung klugerweise sparsam gehalten und sich auf die Wirkung beschränkt. Die Schilderung dieser Wirkung aus der Sicht einer Nicht-Veela ist von beträchtlicher, leicht bitterer Komik: wie die Männer in Nähe des weißgoldnen Veela-Haars etwas Übermächtiges zwingt, sich heillos aufzuspielen; wie sie sich alle vordrängeln und von hundert Sack Galleonen plappern, die sie im Jahr machen würden, von ihrem gefährlichen Job als Drachentöter oder von ihrer anstehenden Beförderung zum Minister, obwohl sie gerade mal einen Nachtbus lenken oder Tellerwäscher im »Tropfenden Kessel« sind. An den Veela prallen solche Hommagen natürlich ab. Nur wenn man ihnen mit Obszönitäten kommt, fahren sie aus der Haut: verwandelt und mit grausamen Vogelgesichtern fallen sie vor dem Endspiel über die irischen

Maskottchen her, als die sich zu einer großen Hand mit erigiertem Mittelfinger formen.

Eine andere Obszönität, über der Tolkien und Enid Blyton erblaßt wären, verschwindet notgedrungen in der deutschen Übersetzung. Im Wahrsage-Kurs entdeckt Lavender Brown den Planeten Uranus in ihrem Sternbild, und die ganze Klasse kassiert eine mächtige Hausarbeit, weil Ron fragt: »Kann ich Uranus auch mal sehen?« (IV, 212) Schwer zu erkennen, was daran strafwürdig sein soll. Im Englischen fragt Ron, scheinbar unschuldig und mit einem Spatium zuwenig: »Can I have a look at Uranus too, Lavender?«

BARTY CROUCH, VATER UND SOHN

Die Journalistin Rita Skeeter, die schamlos, aber leider wahrheitsgemäß in der Klatschpresse aus vertraulichen Rendezvous berichtet, endet in einem versiegelten Einmachglas. Hermione ist ihr auf die Schliche gekommen, und auch der Leser hätte es gekonnt, wenn er bei den intimen Treffen zwischen Hermione und Krum oder Hagrid und der Halbriesin Maxime auf das Gekrabbel am Rand geachtet hätte: jedesmal war ein kleiner Käfer im Bild. Rita hat die Idee der Wanze wörtlich genommen und sich als heimlicher Animagus in einen Käfer verwandelt; sie wird ein Jahr lang mit ihrer Tätigkeit aussetzen müssen, wenn Hermione sie aus dem Strafverschluß im bruchsicheren Glas befreien soll.

Ritas *sabbatical* schließt eine der vielen Nebenintrigen ab, von denen dieser vierte Band überquillt. Die Hilfsmittel zu diesen Intrigen sind größtenteils bekannt. Man kennt den Animagus-Zauber, aber auch den Vielsaft-Trank, mit dessen Hilfe man das Äußere einer anderen Person annehmen kann. Ein neues magisches Instrument, das in diesem Buch wichtig wird, ist der Portschlüssel: ein beliebiger präparierter Gegenstand, durch den man im Nu an einen anderen Ort transportiert wird. Auch neues Personal, nicht-journalistisches, gibt es in diesem bislang dicksten Band – ganze Schulhäuser voll. Der *Feuerkelch* führt die Akademien für Zauberei aus Beauxbatons und Durmstrang ein, deren Vertreter sich in Hogwarts zum Trimagischen Turnier einfinden; eine alte Tradition, die wegen der empfindlich hohen Todesrate einige Jahrhunderte lang ausgesetzt worden war. Madame Maxime, in die sich Hagrid verliebt, leitet die französische Schule; ihre Kandidatin ist Fleur Delacour. Das östliche Internat, dessen genaue Lage verschwiegen bleibt, schickt den krummbeinigen – pardon – Viktor Krum ins Turnier.

Schon diese vielen neuen Figuren weisen auf die nicht nur dankbare Rolle hin, die der *Feuerkelch* im Gesamtwerk hat. Er muß *Harry Potter* ins Internationale öffnen und die späteren Intrigen pflanzen; er muß säen und darf noch nicht ernten, er muß mehr anrichten, als er verzehren darf. Dieser vorbereitende Charakter ist hier und dort allzu deutlich zu spüren. Immer wieder meldet sich per Eule oder Kaminpulver Sirius Black zu Wort; er hat nichts Rechtes zur Handlung beizutragen, darf dem Gedächtnis des Lesers aber nicht verlorengehen, weil es eine der Plot-Fragen der nächsten Bände sein wird, ob er öffentliche Rechtfertigung erfährt und Harry als Patenkind zu sich nehmen kann. Ähnlich ist es mit Hermiones stark strapaziertem Elfenfimmel; wenn die Quälgeister am Ende nicht *mindestens* einen Aufstand nach dem Vorbild der einmal zu oft erwähnten Kobold-Rebellion machen, versöhnen wir uns nur schwer mit diesem allzu leiernden Motiv.

Der Hauptstrang der Handlung, an dem sich der Band entlanghangelt, ist das große Turnier, das aus drei gefährlichen Proben besteht. Harrys Name wird entgegen den Statuten bei der Auswahl der Schulvertreter mysteriös eingespeist; Viktor Krum, Fleur Delacour und Cedric, der anständige Hufflepuff, bekommen unverhofft einen weiteren Konkurrenten. Ein starker Zauber, und literarisch eher schwacher Trick, verbietet Harry, sich der Wahl zu entziehen. Mr Crouch, ein älterer Herr, der wie der Filialleiter einer Muggle-Bank aussieht, immer im Anzug mit Krawatte, mit gestutztem Oberlippenbart und gewienerten Schuhen – Crouch, der es fast zum Minister, dann aber doch nur zum Leiter für internationale Zusammenarbeit gebracht hat, ist einer der Schirmherren des Turniers, glänzt jedoch bei allen Zusammenkünften durch Abwesenheit – Gerüchten zufolge ist er krank. Harrys Mentor ist der neue Lehrer für Verteidigung, Mad-Eye Moody, der als Auror, also Aufspürer von Schwarzmagiern, einen Ruf wie Donnerhall genießt. Genoß, muß man genauer sagen, denn der Donner hallt schon aus einiger Ferne her. Selbst Freunde leugnen nicht, daß Moody, dessen narbenübersätes Gesicht von furchtbaren Kämpfen zeugt, verschroben geworden ist. Seine Feinde nennen es Verfolgungswahn. Moody wittert überall schwarze Magie, sein frei bewegliches Auge überwacht den Raum in seinem Rücken, aus Angst vor Vergiftung nimmt er nichts Fremdes zu sich; selbst in den »Drei Besen« trinkt er aus dem eigenen Flachmann, sehr zum Mißfallen der Gastronomie.

Zwischen dem Ex-Auror und dem unsichtbaren Crouch spielt sich auch die Wronski-Szene dieses Buches ab. Harry entdeckt mitten in der Nacht auf der Karte des Rumtreibers, daß sich Crouch in Snapes Büro zu schaffen macht. Der Chef, der angeblich sogar zu krank ist, um zum Yule-Ball zu kommen, nachts heimlich in Hogwarts? Harry will ihm nachspüren, bricht aber in einer der verhexten Treppen ein, was Lärm macht und Snape alarmiert, der den Einbruch in seinem Büro entdeckt hat und wie üblich Harry verdächtigt. Zum Glück kommt gerade Mad-Eye Moody vorbei, der die Karte, die Harry aus der Hand gerutscht ist und die Snape konfiszieren will, durch den *Accio*-Zauberspruch zu sich hergleiten läßt. Snape wird abgewimmelt, und Harry gesteht Mad-Eye auf Nachfrage, er habe auf der Karte ein Pünktchen mit Namen Crouch gesehen. Mad-Eye erstarrt.

Und der Leser mit ihm: der zu straff gescheitelte Crouch war ihm schon immer verdächtig, und jetzt bestätigt es also auch Moody, der es wohl wissen muß. Erst im nachhinein begreift man, daß Mad-Eye nicht aus Sorge um Harry erstarrt, sondern weil er so gut wie aufgeflogen ist. Rowling läßt ihn schon vorher auffliegen, so dezent allerdings, daß man es erst bei erneuter Lektüre bemerkt. Die erste Aufgabe im Trimagischen Turnier gibt Harry das Gefühl, »as though it were *crouching* ahead of him like some horrible monster«. Crouch eben ist das Monster, aber nicht der geschniegelte Vater, sondern der Sohn. Er ist der Maulwurf in Hogwarts,

Voldemorts Vasall, der durch Vielsaft-Trank die Gestalt des entführten echten Mad-Eye Moody angenommen hat. Darum auch der Flachmann, aus dem er den magischen Saft immer wieder nachtrinken muß, wenn er die fremde Gestalt Moodys bewahren will, der von ihm unter Bann gehalten wird und in einem Kofferverlies dahinvegetiert.

Die Geschichte ist selbst für Rowlings Verhältnisse hoch vertüftelt und arabesk. Wenn sie am Schluß, wie in der klassischen Kriminalerzählung, ausführlich beredet und erklärt wird, gleicht die Wirkung der eines tiefen Zugs frischer Luft, die der Leser gierig einsaugt nach den vielen hundert Seiten unter Wasser, im Halbdunkel der Ahnungen, Andeutungen und ständig wechselnden Schwärme des Verdachts.

Die Intrige, so kurz es geht: Vom Vater vernachlässigt, rutscht Crouch junior auf die falsche Seite und wird zum Anhänger Voldemorts. Vergebens fleht er seinen Vater an, der ihn im unterirdischen Gerichtssaal im Schnellverfahren zu lebenslanger Haft in Askaban verurteilt. Die Mutter verzweifelt und wird krank, ihr letzter Wunsch ist die Rettung des verlorenen Sohns. Sie besucht ihn im Gefängnis und nimmt mit Hilfe des Vielsaft-Tranks die Gestalt des Gefangenen an. Umgekehrt trinkt er den Saft, um die Gestalt seiner Mutter anzunehmen. Der Crouch-Sohn verläßt Askaban, die Mutter bleibt dort, nimmt regelmäßig ihre Tropfen ein, stirbt in seiner Haut und wird als Crouch junior begraben. Das Drama von Unterdrückung und Verrat beginnt von neuem. Crouch senior hält seinen Sohn mit einem willensbrechenden Zauber, dem Imperius-Fluch, in Hausarrest. Allmählich aber gewinnt der Sohn Macht zurück. Voldemort schafft es mit

Pettigrews Hilfe, ihn zu befreien, und zahlt es dem Vater mit gleicher Fluch-Münze heim. Pettigrew bewacht das Haus, in dem jetzt Crouch senior zum Gefangenen geworden ist. Als dem noch Imperius-Benebelten dennoch die Flucht gelingt und er nach Hogwarts schwankt, um den Rektor zu warnen, wird er von seinem Sohn abgepaßt, ermordet, in einen Knochen verwandelt und in Hagrids Garten vergraben.

Wer das nicht ausgetüftelt, sondern überkonstruiert findet, dem soll hier nicht lange widersprochen werden. Aber eine schöne Finesse gibt es, die noch unerzählt ist. Der Sohn Crouch heißt mit Vornamen wie sein Vater – Barty. Wer sehr genau aufgepaßt hat, hätte merken können, daß darum die Karte doppeldeutig wird: der kleine Punkt »Barty Crouch«, der sich in Snapes Büro begibt, muß nicht den Vater meinen. Das heißt aber wiederum, Rowling hat von Anfang an, als sie die Karte des Rumtreibers eingeführt hat, auf diese Pointe gezielt, denn sonst hätte sie nicht erfunden, daß neben dem wandernden Punkt jeweils auch der Vorname steht; der Nachname hätte genügt. »This is the planning of a work of art«, bemerkte Nabokov bei verwandter Gelegenheit.

VERBOTENE FLÜCHE

Im dritten Band litt die Glaubwürdigkeit der Intrige etwas darunter, daß der sonst so scharfsinnige Snape plötzlich ahnungslos sein sollte, was das magische Repertoire und den uralten Trick der Zeitumkehr anging. Aller Feinheiten und zweideutigen Pünktchen ungeachtet, drängen sich auch beim vierten Band einige Fragen auf. Warum kann Crouchs Sohn, der nur die Gestalt von Mad-Eye angenommen hat, wie dieser Tarnumhänge erkennen, durch das Holz einer Schulbank sehen und mit seinem zweiten Auge nach hinten spähen? Gehen durch den Zaubertrank auch solche Fähigkeiten auf den Doppelgänger über? Harry Potters Erfahrungen sprechen dagegen. Als er sich im zweiten Band in Dracos tumben Leibwächter Goyle verwandelt, verändert sich nur sein Äußeres. Wie komisch es sei, Goyle einmal *denken* zu sehen, sagt Ron zu seinem verwandelten Freund. Eben! Die inneren Fähigkeiten werden von dem Vielsaft-Trank nicht berührt.

Nun kann man das rollende Auge als Prothese betrachten, die sich der Doppelgänger funktionstüchtig vom Original entleiht. Aber Crouch erbt mit Einnahme des Tranks nicht nur Moodys magischen Blick. Es gelingt ihm auch, Dumbledore, Moodys ältesten Freund, ein ganzes Schuljahr lang zu täuschen. Harry schafft es bei Draco kaum eine Viertelstunde lang. Und anders als für Draco ist es für den mächtigsten Zauberer der Welt wohl keine Undenkbarkeit, daß jemand nicht der ist, als der er erscheint. Kramt Dumbledore nie mit Moody bei einem Butterbier in alten Erinnerungen, und fällt ihm dann nicht auf, daß sein Freund auf keinerlei Anspielung reagiert?

Man wird sagen, das sei eben Barty Crouchs böse Genialität. Aber selbst die genialste Gabe zur Täuschung genügt nicht als Erklärung dafür, warum Crouch als Mad-Eye Moody seiner Klasse verbotene Zaubersprüche beibringt. Ausgerechnet der fanatischste aller Todesser trainiert Harry in der Abwehr des *Imperio*-Fluchs. Welches Interesse hat er daran? Es widerspricht nicht nur seinem Plan, es durchkreuzt ihn sogar: ohne das Training mit dem Schleifer Crouch hätte Harry keine Chance im bald folgenden Duell mit Voldemort.

Die Wahrheit ist, daß hier nicht Barty Crouch seine Schüler hinters Licht führt, sondern die Autorin die Leser. Sie opfert einem großen Ziel, der eleganten Täuschung, etwas noch Größeres, die innere Logik und Glaubwürdigkeit. Man denkt an die Stelle bei Proust, wo eine Pythonschlange einen Löwen verschlingt.

Und eine zweite Wahrheit gleich hinterher. Schon die Grundanlage des vierten Bandes leidet an einer logischen Schwäche. Der ganze Aufwand des Voldemortschen Plans hat ja nur das eine Ziel, Harry aus dem geschützten Hogwarts zu locken. Deshalb muß er dazu gebracht werden, einen Portschlüssel anzufassen, den Voldemorts Getreuer vorbereitet. Aber dazu hätte Crouch in der Gestalt Moodys doch täglich zehnmal die Gelegenheit! Wozu das ganze Trimagische Turnier mit seinen Komplikationen, wozu der Feuerkelch, in den Harrys Name von Crouch heimlich eingespeist werden muß – ohne daß das Ministerium eine Untersuchung anstellt, ohne daß Dumbledore ins Grübeln gerät –, wozu all die Prüfungen und Hindernisse und bösartigen Hilfen, damit Harry siegt, wenn es am Ende nur darum geht, daß er einen banalen Portschlüssel berührt? Das Praktische an diesem Beförderungsmittel ist ja gerade, daß ein alter Stiefel oder eine Zeitung genügt. Crouch alias Moody hätte gleich in der ersten Woche einen Waldspaziergang mit dem vertrauensvollen Schüler machen und ihm einen vorbereiteten Gegenstand in die Hand spielen können, und schon wäre Voldemort am Ziel.

Natürlich, Rowling braucht dieses Turnier, weil sie die Räume und das Personal erweitern und Vorbereitungen für die kommenden Bände treffen muß. Aber brauchen ist in der Kunst kein Argument; und es sollte nicht sein, daß der Dom der Handlung auf brüchigen Fundamenten ruht.

DRACULA, NACH HOMER

Dies zugegeben, muß man doch bewundern, mit welcher Verve die Türme dieses Doms sich in den Himmel schrauben. Das Ende des überflüssigen Turniers bedeutet eine kleine Revolution in der Geschichte des Plots. Harry rettet im Lauf des mörderischen Parcours seinem Hogwarts-Konkurrenten Cedric das Leben. Cedric, der anständige Kerl, bedankt sich dafür, indem er wenige Meter vor der Säule, auf der ihm die Trophäe golden entgegenschimmert, zurücktritt und Harry den Sieg überläßt. Harry schlägt vor, daß sie sich den Sieg teilen, und auf eins, zwei, drei greifen sie gleichzeitig nach den Henkeln des Pokals. Die Sekunde »Drei« ist die Sekunde der Revolution.

Normalerweise ist das Turnier selbst das Spannende, hier also der Irrgang durch ein Labyrinth, und sobald der Sieger feststeht, fällt diese Spannung ab. Das Ziel als solches hebt sie auf; hat man es einmal erreicht, kann man sich über den Sieg freuen oder die Niederlage verdauen, aber jedenfalls entspannen. Nicht so hier: Das Erreichen des Ziels (Spannung sollte abfallen) führt zu einem steilen Anstieg der Kurve. Das Ziel, der Trimagische Pokal, ist ein von Crouch vorbereiteter

Portschlüssel, und sowie er berührt wird, reißt er die ermatteten Kombattanten in eine völlig neue Grusel-Sphäre; auf einen Friedhof, auf dem Harry nur knapp mit dem Leben davonkommt und Cedric das seine verliert. Der Weg war nicht das Ziel, wie üblich, sondern das Ziel wird unversehens zum Weg – mit diesem Einfall sprengt Rowling eine Konvention, die so alt ist wie das Erzählen selbst.

Auch Cedric, leider, wird aus dem Leben gesprengt, er ist der erste Tote aus Hogwarts, den kein Zeitumkehrer zurückholen wird. Im nachhinein erkennt man, daß er lange dafür auserwählt war. Kein anderer als Cedric berührt mit Harry den ersten Portschlüssel des Romans, der sie zum Quidditch-Cup befördert. Vom Ende her gelesen, steht er als Opfer schon seit dem nebligen Morgen fest, an dem er dieses fatale Reisemittel benutzt.

Die Symmetrie setzt sich auch im größeren fort. Frank, der erste Tote, den dieser Band auf dem Gewissen hat, taucht am Ende wieder auf. Das Gruselkapitel kehrt zum Schauplatz des ersten Kapitels zurück. Wieder sehen wir das einsame verfallene Haus auf dem Hügel. Diesmal sehen wir es von dem Friedhof aus, auf dem Harry von Pettigrew an den Grabstein von Voldemorts Vater gefesselt wird. Die Fesselung an Voldemorts Vergangenheit ist erkennbar symbolisch; die künftigen Bände müssen zeigen, aus welchen Handlungsknoten diese Fesselung besteht.

Die ganze Szene habe etwas von schwarzmagischem Kitsch, befand eine leider nicht ganz von der Hand zu weisende Kritik. Harry ist wehrlos und allein, nachdem Pettigrew den allzu fairen Freund mit einem Fluch getötet hat.

Vor ihm blubbert ein Kessel, in dem Voldemort hockt, ein satanisches gekrümmtes Baby – »crouched«, um genauer zu sein. Drei Zutaten braucht der Böse für seinen Zaubersud, der ihm zu neuer Leiblichkeit verhelfen soll (ein Problem, das er mit Tolkiens Sauron teilt). Knochen vom Vater – aus der knackenden Grabplatte steigt zu Harrys Grausen ein schmaler Staubwirbel auf und senkt sich in den Kessel. Fleisch des Dieners, willentlich gegeben: Pettigrew opfert seine rechte Hand – er bekommt dafür später eine neue silberne spendiert. Und schließlich die dritte Beigabe: Blut des Feindes, mit Gewalt genommen. Wer böte da besseres als Harry Potter? Pettigrew schneidet mit der verbliebenen Hand in dessen Arm, füllt eine Phiole mit dem Blut und schüttet es in den aufbrausenden Kessel. Weißer Nebel steigt auf, der wiedergeborene Lord erscheint und läßt sich von seinem wimmernden Diener den Umhang reichen.

Kinogänger kennen ihn. Nach vollbrachter Blutkur sieht Voldemort aus wie Graf Dracula, hochgewachsen, blaß, rotäugig und mit überlangen Fingern; bald umringt von den Todessern, die sich vampirgleich nachts auf dem Friedhof zu seiner Huldigung einfinden. Auch den Spinnen essenden Jünger, der die Ankunft des Meisters in Amsterdam erwartet, erkennt man unschwer wieder, aufgespalten auf den eklen Pettigrew und den wahnsinnigen Crouch.

Viel älter freilich, von Homer, ist das Motiv der wiederbelebenden Kraft fremden Bluts. Odysseus praktiziert dieses Ritual, als er im Hades nach Teiresias sucht. Er schlachtet Schafe und läßt das Blut in eine Grube rinnen. Die Schatten stürzen herbei, um das Blut zu trinken und für einen Moment ins Leben zurückzukehren. Mitten unter dem Gedränge der blutdurstigen Schatten ist seine tote Mutter, die warten muß, bis der Seher ihrem Sohn geweissagt hat. Das Blutopfer im Hades ist das älteste Vorbild der Friedhofszene, bei der auch Harry seine tote Mutter wieder zu Gesicht bekommt.

Als die Todesser sich fast vollständig um den Dunklen Lord versammelt haben, will Voldemort ihnen imponieren und ein für allemal beweisen, daß er Harry Potter im Zweikampf besiegen kann. Harrys Fesseln werden gelöst, er darf seinen Zauberstab nehmen, und das Duell beginnt, nach dessen zu erwartendem Ende Harry der großen Schlange verfüttert werden soll, die sich schon ungeduldig im Gras windet. Doch es tritt etwas Ungewöhnliches ein, mit dem auch Voldemort nicht gerechnet hat. Harry, der nach den ersten Cruciatus-Attacken hinter dem Grabstein kauernd mit dem Leben abgeschlossen hat, entscheidet sich für den aufrechten Tod im Kampf. Es gelingt ihm, Voldemorts Vernichtungsfluch *Avada Kedavra!* mit dem Entwaffnungsfluch *Expelliarmus!* abzuwehren. Nun sind die Zauberstäbe, die sich gegenseitig bekämpfen, aber gleichgepolt: in beiden steckt eine Feder desselben Phönix. Wenn zwei brüderliche Zauberstäbe aufeinandertreffen, bildet sich zwischen ihnen ein Faden aus Licht, eine Kraftlinie, die so stark ist, daß sie die Träger in die Höhe reißt und schweben läßt. Unter Phönixgesang, in einer goldenen Kuppel aus Feldlinien, um die die verdutzten Todesser wie Schakale kreisen, zwingt Harry dem intimen Feind langsam seinen Willen auf. Es kommt zu dem seltenen Effekt des Umkehrzaubers: alle von Voldemort getöteten Opfer quellen der Reihe nach rückwärts aus der Spitze seines Zauberstabs. (In der inzwischen korrigierten Erstauflage hatte Rowling diese inverse Reihenfolge mißachtet und dadurch für Fehlspekulationen gesorgt; es war zuerst Harrys Vater erschienen, dann die Mutter, nicht umgekehrt.) Es sind Echos der Verstorbenen, Schatten wie die Seelen in der Unterwelt. Sie beraten Harry und verhelfen ihm zu seinem letzten Sieg. Er gewinnt einen winzigen Vorsprung, schlägt zwischen den Grabsteinen Haken, duckt sich vor den anzischenden Flüchen hinter einem Engel, birgt den Leichnam Cedrics, wie dessen Schatten es in homerischer Tradition von ihm erbat, und läßt im letzten Moment, als Voldemort schon zum *Avada* ansetzt, den Siegespokal per *Accio*-Zauber zu sich herfliegen.

Diese Flucht – nun gut. Eigentlich sind Portschlüssel für eine bestimmte Zeit eingestellt, und daß sie willkürlich als Rückfahrschein benutzt werden können, widerspricht früheren Auskünften. Aber Hauptsache, Harry kommt davon. Minister Fudge, beeinflußt von Ritas Hetzartikeln, glaubt ihm allerdings von seinem Abenteuer kein Wort; und Crouch wird von einem Dementor zu Tode geküßt, bevor er alles bezeugen kann.

Allmählich werden die Möglichkeiten der Steigerung knapp. Wie viele Duelle gibt es noch, wieviel enger kann es werden? Und steigern muß es sich noch drei Bände lang. Das Schöne bei Rowling ist: man weiß nicht genau, wie weit sie gehen wird. Sie scheint zu vielem fähig und rechnet ausdrücklich damit, eine Weile unpopulär zu sein. Welche Exzesse sind nach der kannibalistischen Messe noch möglich und erlaubt? Aber gerade diese Erlaubtheit scheint sie nicht sehr zu kümmern, das ist das Kühne an ihr, das sie von Großtante Enid so weit entfernt. Wie bei Bertie Botts Bohnen kann bei ihr jede Geschmacksrichtung vorkommen, und man darf sich vor keiner ganz sicher sein. Man sieht es geradezu vor sich, wie die Chefs der langen *Harry Potter*-Verwertungskette sich anrufen und betreten darüber beratschlagen: Wer sagt es ihr? Frau Rowling, so *können* Sie das nicht machen!

Und man darf darauf vertrauen, daß sie es dennoch tun wird. Diese Schriftstellerin hat eine sehr genaue Vorstellung von ihrer Literatur. Sie mag schüchtern sein, aber sie hat Mut. In den ägyptischen Grabkammern, in die sie uns vielleicht bald führen wird, damit wir eine noch gräßlichere Gänsehaut bekommen als am Ende des *Feuerkelchs*, liegen Skelette, denen neue Köpfe nachgewachsen sind. Wie man die Autorin kennt, werden es Dickköpfe sein.

WARUM NABOKOV HARRY POTTER GEMOCHT HÄTTE

Der große Autor war auch ein großer Leser, und seine Urteile waren geharnischt. Die Liste seiner Opfer ist prominent: Thomas Mann oder Dostojewski, Sartre, T. S. Eliot oder Stendhal – sie alle galten ihm als drittklassige Schriftsteller. Franz Kafka schätzte er, aber das hielt ihn nicht von dem Nachweis ab, daß der verwandelte Käfer Gregor mühelos aus dem Fenster hätte davonfliegen können. Nicht aus dem Fenster davonfliegen, sondern sich verzweifelt aus ihm stürzen – das hätten noch viele andere Autoren tun müssen, wäre ihnen

Nabokovs Urteil über sie zu Ohren gekommen. Und dieser Zuchtherr mit solch drakonischen Maßstäben sollte sich ausgerechnet von einem populären Werk der Kinderliteratur einlullen lassen? Von der er generell ja wenig hielt; denn wenn er Hemingway, Pasternak, Conrad und Lampedusa zu den Jugendbuchautoren rechnete, war es durchaus nicht als Kompliment gemeint.

Und trotzdem könnte Nabokov vieles an *Harry Potter* gefallen haben, wie sich nach dem Bisherigen im Grunde von selbst versteht. Niemand muß uns daran erinnern, geschweige denn ihn, daß sein eigenes Werk sich in einer anderen Sphäre bewegt, die der Zauberlehrling nie auch nur angestrebt hat. Aber die Strähne echten Talents fand der nicht nur drakonische, sondern auch zu tiefer Begeisterung fähige Leser immer wieder in Büchern, die man nicht sofort der Hochliteratur zugeschlagen hat. Wenn ihn große Namen nicht beeindrukken konnten, so noch weniger die Genre-Grenzen innerhalb der Literatur. Und bei Rowling findet sich mehr als eine Strähne Talent.

Unverkennbar teilen die zwei ein paar Vorlieben. Schon was Rowling mit der Sprache macht, ist ihm gar nicht so fern. Nabokov ließ keine Gelegenheit zu einem *pun* ungenutzt, und wenn ein Stabreim auch nur am Horizont zu erblicken war, lockte er ihn in den Dschungel seiner Tropen. Rowlings Metaphorik ist zwar unerheblich, aber ihr Wortwitz sprüht, und einer Alliteration kann sie nicht widerstehen. »In september of that year, a subcommittee of Sardinian Sorcerers« – wer solche Sätze liebt und Bücherlisten zusammenträgt wie diejenige Gilderoys (*Break with a Banshee*, *Holidays with Hags*,

Travels with Trolls – Charm your Own Cheese ist nicht von Lockhart, sondern ein Titel aus dem Kochbuch-Sortiment), der rührt bei Nabokov eine vertraute Saite an. Auch das Spiel mit Spiegelschriften und Anagrammen, das bei ihm so wichtig ist, wird in *Harry Potter* gepflegt. Selbst der Böse wählt seinen Namen nach anagrammatischen Gesichtspunkten aus. Man muß Tom Marvolo Riddle nur lang genug schütteln, dann gesteht er: »I am Lord Voldemort.« Das dachten wir uns fast, hätte Vivian Darkbloom dazu bemerkt.

Was die farbigen bis sprechenden Namen angeht, in deren Erfindung Joanne Rowling nur von Dickens übertroffen wird – kurios zu sagen, aber auf diesem Feld ist sie manchmal geschmackssicherer als Nabokov. Bei ihm kann es passieren, daß in der Wohnung eines bleichen Albinus eine Blanche neben einer »Rosa von Nacht« auf dem Diwan sitzt. Rowling mischt die Namensfarben bei aller Drastik doch weniger aufdringlich.

Aber nicht die Sprache oder die Namen sind der Grund, warum Nabokov *Harry Potter* hätte mögen können, sondern die exakte Phantasie und die Kunst der Komposition. Nabokov, der raffinierteste Handlungskonstrukteur des zwanzigsten Jahrhunderts, schätzte den schachspielartigen Aufbau einer Intrige nicht weniger als die Liebe zum Detail, das bei Rowling wie Goldlack aus allen Ritzen des Hogwartsschen Gemäuers sprießt. Auch ihr Humor hätte ihn entzückt: die Weihnachtsgeschenke aus dem Ligusterweg, die immer noch schrumpfen können, obwohl sie schon auf Zahnstochergröße zusammengeschnurrt sind, der Witz der Weasley-Zwillinge, das Haarnetz, das eines der lebensgroßen Portraits Gilderoy

Lockharts abzunehmen versäumte, die ruinöse Lieferung des *Invisible book of Invisibility*. Das Unprüde bei Rowling, die Gewagtheit, auch das parodistische Element hätte er gemocht; und Rita Skeeter wohl mit derselben Befriedigung am Ende unter Glas eingesperrt gesehen, mit der er den spionierenden Käfer zuvor in Hermiones Haar entdeckt hätte.

Eine andere Figur mit parodistischen Zügen hätte er mit einem Handkuß begrüßt: die wahrsagende Sybill Trelawney, die Harry so viel Schlimmes prophezeit. Nabokov hätte in ihr eine Verwandte Sybil Vanes erkannt, eine der Schwestern Vane aus seiner gleichnamigen Erzählung. Sybil und ihre Schwester haben esoterische Neigungen, die Nabokov zu verspotten scheint, so wie Joanne Rowling Professor Trelawney karikiert. Bei beiden wird dieser Spott zur Überraschung des Lesers am Ende zurückgenommen: Die Hochstaplerin Trelawney beweist ihr zweites Gesicht, die Vane-Schwestern melden sich per Diktat aus dem Jenseits.

Das Magische und Wunderbare ist der Romanwelt Nabokovs nicht fremd. Parallel- und Gegenwelten sind bei ihm nicht die Ausnahme, sondern die Regel; die Gelehrten sprechen von seiner Zwei-Welten-Kosmologie. Sein Hogwarts heißt »Antiterra«, der Parallelplanet in seinem späten Roman *Ada*. Auch von dort aus hat man den gewohnheitstötenden Blick auf die Welt, die durch das Mittel des *ostranenie* neu gesehen wird, wie die russischen Formalisten es nannten – Chesterton nannte es den *mooreeffoc*-Effekt: die Welt so fremd wahrzunehmen wie den Coffeeroom, wenn man in dessen Innern sitzt.

Nabokov mußte sich zu diesem Blick nicht zwingen. Persönlich teilte er die Haltung Mr Weasleys und staunte – wenn auch furchtsamer – über Telefone und Elektrizität, so wie er über Raum und Zeit staunen konnte. Wir wissen, sagte er bis ins Alter, über all diese Dinge *nichts*. Ganz geheuer war ihm auch das Postsystem der Muggles nicht; ein Grund, im Hotel in Montreux zu leben, war die Tatsache, daß dort der Postverkehr bequem geregelt war. Noch bequemer wäre ihm sicher eine rüstige Eule gewesen.

Harry Potter lebt in einer märchenhaften Welt, und das tun auch die Helden Nabokovs, dessen Werk von Märchenmotiven strotzt. Besonders vertraut war ihm die Verwandlung Cinderellas. Professor Pnin, der den falschen Zug zu nehmen pflegt und Visionen von seinen toten Eltern hat – Pnin, der als russischer Emigrant in Amerika lehrt, wo er trotz moralischer Noblesse als leicht lächerliche Figur gilt, hält bei seiner Einweihungsparty nicht zufällig ein Privatissimum über Cinderellas Schuhe. Harry Potter als Aschenputtel, der im Schrank unter der Treppe wohnt und in dem sich ein bedeutender Zauberer verbirgt, hätte beim Mentor Pnins immer einen Stein im Brett.

Wie bei Rowling hindert die Märchentönung auch bei ihm nicht die luzideste Beobachtung der Wirklichkeit. Nabokov hatte wenig übrig für Prosa, die bemaltem buntem Glas gleicht, durch das man nichts mehr sehen kann, wie es in einer seiner Erzählungen heißt. Solche Prosa war ihm sogar ausgesprochen verhaßt: Jener Dichter, dessen bösem Zauber sein Erzähler nicht lange verfällt, trägt nachgerade Züge eines Voldemort. Zerschlüge man sein buntes Glas, schreibt er, fände sich die schaudernde Seele einer vollkommen schwarzen Leere gegenüber. Gerade das ist bei *Harry Potter* anders, und gerade das hätte Nabokov an ihm geschätzt: man sieht durchs Märchenprisma genauer auf die Welt.

Der Blick selbst ist bei beiden Autoren ein ethischer. Beide nehmen sie das Böse auf bedrückende Weise ernst. In Nabokovs *Gelächter im Dunkel* quält der satanische Axel Rex einen Blinden. Im *Bastardzeichen* wird der Sohn des Helden als lebender Punchingball benutzt und zu Tode verstümmelt. Er wird das zufällige Opfer einer Macht, bei deren Schilderung Nabokov eine ähnliche Allegorie durchschimmern läßt wie Joanne Rowling mit D-Day und SS – Nazismus und Stalinismus, nach Galtons-Art übereinanderkopiert. Gefoltert wird auch in Rowlings Jugendbuch. Die Eltern Nevilles und viele andere verlieren durch die Cruciatus-Folter ihren Verstand.

Auf subtilere Art gequält werden in Hogwarts alle Abweichler und Außenseiter. Auch hier ist Nabokov *Harry Potter* ganz nah. Keine Rüstung der Arroganz, keine Mandarin-Attitüde konnte je seine Verwundbarkeit durch das Mitleid mit den Nevilles und Myrtes dieser Welt verbergen. Wie Myrte wegen ihrer Brille gehänselt wird und in der Toilette zu Tode kommt, geht die häßliche Tochter des Schriftstellers Shade in *Fahles Feuer* ins Wasser und stürzt sich in *Ada* die immer störende Dritte, Lucette, über die Reling eines Schiffs. Das brillante, egoistische Liebespaar ist mit schuld an ihrem Tod. Wie bei Rowling sind bei Nabokov das Gute und das Böse ineinander verschlungen. Das Eden, in dem Ada lebt, hat seine satanischen Flecken; der Grund nicht nur dieses Romans ist gnostisch unterströmt.

Nabokovs Gegen-Fundament ist eine unbigotte Moral, kahl und hart wie ein Felsen, und auch sie hätte er in *Harry Potter* gefunden. Schon in seinem frühen Drama *Der Pol* über Scott, der sich weigert, seine erfrierenden Kameraden allein im Zelt zurückzulassen, zeigt sich der Cambridge-Student beeindruckt von den britischen Tugenden. England ist das letzte Wort des Stücks, sein Motto endet mit dem Wort »gentleman«. Genau solche britischen Tugenden werden sieben Jahre lang in Hogwarts gelehrt, auch wenn sie kein Stundenplan als Hauptfach ausweist. Nicht zuletzt darum gibt es Quidditch; ein Sport, der dem früheren Boxtrainer und nicht *Seeker*, aber *Keeper* gefallen hätte. Die höchste Tugend sah er im Mut. Harry, der sich beim Friedhofsduell im Bewußtsein des sicheren Todes weigert, vor Voldemort zu knien – das wäre, wie Nabokov bei anderer Gelegenheit sagt, ein Bursche nach seinem Herzen, »a fellow after my heart«.

Der sichere Tod wurde dann allerdings doch umgangen. Einmal wird er selbst bei vollzogener Exekution rückgängig gemacht. Diese Szene aus *Harry Potter,* die Schein-Hinrichtung des Hippogreifs Seidenschnabel, hätte Nabokov wieder an ein eigenes Werk erinnert. Auch in seiner *Einladung zur Enthauptung* fällt zum Finale das Beil des Henkers auf den Richtblock nieder, und das Opfer entflieht in eine parallele oder jenseitige Welt. Die Frage nach jener Welt, nach der möglichen Rückkehr oder Geheimpräsenz der Verstorbenen, treibt Nabokovs Werke ebenso drängend an, wie sie die Gedanken des Waisenkinds Harry bewegt. Auf diese Gemeinsamkeit wird noch zurückzukommen sein.

Es gibt noch einen letzten Grund, warum Nabokov *Harry*

Potter gemocht hätte. Zugegeben, es ist ein schlechter Grund, aber selbst ein Nabokov wäre nicht gegen ihn gefeit:

> *Wen ich wirklich liebe, ist Nabokov. »Lolita« ist wahrscheinlich mein liebster Roman des zwanzigsten Jahrhunderts: Er hat alles, er ist komisch, tragisch – es gibt zwei Bücher, deren letzte Seite mich zum Weinen bringt, ohne daß ich die vorhergehenden Seiten zu lesen brauche. Eines davon ist »Lolita«, es klappt immer.*

Dies auch abschließend zu der Frage, welche Art von Literatur *Harry Potter* beeinflußt hat. Hanni und Nanni sind definitiv unschuldig.

Wie bei Professor Trelawneys zwei erfolgreichen Prophezeiungen, von denen nur eine verraten wird, ist man nun aber neugierig auf die andere. Was wäre das zweite Buch, das auf Joanne Rowling den Effekt *Lolitas* nicht verfehlt? Es ist *The Tale of Two Cities* von Charles Dickens. Der Nabokovianer seufzt erleichtert auf: der Mann hat den Segen des Meisters. Nabokov hat ihm eine Vorlesung gewidmet und ihn darin einen »superben Zauberer« genannt. Seltenes Bild, bei diesem dickköpfigen Volk – zwei Zauberer, vereint im Applaus für einen dritten. Selbst in Hogwarts passiert das nicht jeden Tag.

V. DER TAGESPROPHET

Der letzte, Fragment gebliebene Roman von Dickens *The Mystery of Edwin Drood* hat nach Dickens' Tod nicht nur ein Medium auf den Plan gerufen, das sich das Ende vom Autor persönlich aus dem Jenseits diktieren ließ, sondern eine Schar von detektivischen Lesern, die dieses Ende nur aufgrund von Textindizien vorhersagen wollten. Vorhersagen ist aber das falsche Wort, denn zur Vorhersage gehört, daß sie sich erfüllen kann. Solange nicht auf einem Dachboden ein Zettel von Dickens' Hand auftaucht, der das geplante Ende offenlegt, scheidet diese Möglichkeit aus. Wer immer sich an Droods *Mystery* versucht, dem droht jedenfalls nicht, daß der Autor Einspruch erhebt.

Das ist bei Harrys Geheimnissen anders. Wer hier über die Zukunft spekuliert – obwohl ihm weder Sybills Kristallkugel noch hilfreiche Schriften wie *Unfogging the Future* zur Verfügung stehen –, der muß damit rechnen, daß sie ihn schallend widerlegt. Joanne Rowling hat uns bis jetzt jedesmal überrascht, und sie wird es hoffentlich wieder tun.

Was wird in den nächsten Bänden passieren? Das weiß nur sie allein, und sie verrät es nicht, solange man ihr nicht Veritaserum einträufelt wie Herrn Crouch. Das eine oder andere hat sie dennoch angedeutet, in jener indirekten Form des Geplauders, die auffällig an Harrys Erfahrungen mit Riddles

Tagebuch erinnert. Aus vielen *chats*, die sie mit Lesern geführt hat, wissen wir schon jetzt, daß die kommenden Bände dunkler werden; wir wissen, daß der Sprechende Hut wichtiger wird, daß einige Zauberlehrer nicht allein leben, daß Lupin im fünften und im siebten Band große Auftritte haben soll – ihr Liebling, wir sagten es bereits. Der Leser wird Aufschluß darüber erhalten, wie man in Hogwarts wissen kann, wann ein Zaubererkind geboren wird, warum Harry in den Ferien noch immer bei den Dursleys ausharren muß und warum nur manche Tote zu Geistern werden. Auch kann man sich auf die innere Suche nach der ersten weiblichen Dada-Lehrerin begeben (*Defence against the Dark Arts*), die uns sicher in Aussicht gestellt wird.

Selbst ohne das Placet der Autorin haben die Leser die Wartezeit auf die kommenden Bände mit Spekulationen überbrückt. Es gibt Gerüchte, die sich aus unklaren Quellen speisen und in langen Listen gesammelt werden. Hartnäckig kursiert als Titel für den sechsten Band *Harry Potter and the Green Flame Torch*, womit ein magischer und vermutlich Gral-ähnlicher Gegenstand zur Bekämpfung des Bösen gemeint sein soll, der unserer Ansicht nach zu dicht am *Goblet of Fire* wäre. Aus einem Leck (angeblich ein *editor*) dringt die Nachricht, Harry werde von Hogwarts verwiesen, finde eine andere Schule (Durmstrang?), dürfe aber wieder zurück, nachdem er etwas beendet habe. Und ein anderer, offenbar recht junger Informant berichtet, Hagrid bekomme von seiner Mutter vor der ganzen Schule einen so großen Schmatzer, daß er, wie es weiter heißt, in »einen sehr großen Schmach« verfalle.

Schmach ist nie fern bei dieser Art der ungesicherten Prognose, und dennoch gibt es einen Grund, warum sie nicht ganz haltlos sein muß. Bei Rowlings Büchern kommt nichts aus dem Nichts. Immer führt sie in den frühen Bänden schon das wichtigste Motiv der späteren ein. Oft liegt ein Band dazwischen, in dem es scheinbar vergessen wird. Das Werwolf-Motiv taucht im ersten Band auf; im dritten wird es zentral. Im zweiten Band kostet Harry vom Vielsaft-Trank, und die Probe eines kleinen Zauberstabduells findet statt. Im vierten Band entscheidet der Trank über den Plot, und beim Zauberstabduell kommt Harry fast um. *Vom Ei zum Inferno* heißt das Drachenbuch, das Rowlings Prinzip in die Formel faßt. Seien es die Drachen oder die Elfen, sei es Askaban oder die Kunst des Apparierens, diese Autorin sieht alles vorher und bereitet alles von langer Hand vor.

Manchmal versteckt sie den Knoten des folgenden Bandes im letzten Viertel des vorhergehenden. Hermione kreuzt gegen alle guten Ratschläge bei der Auswahl der Kurse sämtliche Wahlfächer an – unmöglich zu schaffen, wenn man nicht mehrere Kurse gleichzeitig besucht. Sie wird einen Zeitumkehrtrick brauchen im nächsten Jahr. Manchmal dehnt Rowling es noch raffinierter aus. Harrys Nachbarin im Ligusterweg, zu der er an den Geburtstagen Dudleys geschickt wird, ist die Katzenhalterin Mrs Figg. Die Episode aus dem Anfang des ersten Bandes hat man längst nicht mehr im Kopf, wenn Harry sich im vierten Band bei der Quidditch-Weltmeisterschaft durch eines der Zelte an die Wohnung Mrs Figgs erinnert fühlt. Sechshundert Seiten später erfahren wir, daß Dumbledore, wenn er seine Reihen verstärken will, auf eben diese Zauberin zurückgreifen wird. Mrs Arabella Figg wird eine wichtige Figur der nächsten Bände werden und ist uns am Rande seit dem ersten bekannt; genau wie die Katzen, von denen sie mehr und ominösere bei sich aufgezogen hat, als es der Zufall erlaubt. Was uns wiederum daran erinnert, daß sich auch Hermione schon im zweiten Band zur Hälfte in eine Katze verwandelt, weil sie beim Mischen des Vielsaft-Tranks nicht ein Haar der Zielperson, sondern ein Katzenhaar beigibt – ein pures Versehen nur aus ihrer Sicht.

Aus eben diesem Grund, weil Joanne Rowling das Prinzip der Vorausdeutung so streng beachtet und nichts aus dem blauen Himmel kommt, lassen sich einige Reprisen und Steigerungen ohne großes Risiko vorhersagen. Die wichtigen magischen Instrumente, um ein Nebenbeispiel zu nennen, werden immer früh eingeführt und bislang nie vergessen. Darum kann man sicher sein, daß die unorthodoxe Standuhr Mrs Weasleys zu gegebener Zeit die Todesgefahr eines Familienmitglieds anzeigen und womöglich die Entsendung von Hilfe erlauben wird. Umgekehrt, allein aus der Existenz dieser Standuhr kann man schließen, daß einer der Weasleys ernsthaft gefährdet ist.

Als nützlich erweisen wird sich auch der magische Dietrich und Kettenlöser, den Harry von Sirius Black zu Weihnachten geschenkt bekommt; falls es ihn einmal – als Befreier oder unschuldig Verurteilter – nach Askaban verschlägt. Dort hätte er auf der Hut zu sein vor einer schwerlidrigen Frau; eine fanatische Voldemort-Anhängerin, die bei dem Prozeß neben Crouch junior steht. Wir werden sie genauso wiedersehen wie jenen Colonel Fubster, bei dem Dursleys Schwester, die bärtige Tante Marge, ihre Bulldoggen hüten läßt und ein Weinglas zerdrückt.

Dieses zerdrückte Weinglas könnte sogar mehr bedeuten, als ihm anzusehen ist. Es könnte sich Kräften verdanken, die nicht ganz Muggle-gerecht sind. Nach einer Andeutung Rowlings soll es eine Figur geben, die unversehens im Alter Zauberkräfte entdeckt. Es wäre von schöner Boshaftigkeit, wenn es Marge wäre – die übelste Hasserin der Hexen würde selber eine. Das Gläserzerdrücken läßt sich natürlich auch mit Marges maskulinem Wesen erklären, und aus genetischer Sicht wäre Harrys Tante Petunia der logischere Kandidat – auch sie als Hexe wäre ein erfreulicher Schock für die Dursleys.

Und schon sind wir ins Spekulieren geraten! Dabei sind wir gewarnt worden: die Wahrsagekunst genießt in Hogwarts einen schlechten Ruf. Weder McGonagall noch Dumbledore halten mit ihrer Meinung hinterm Berg, es handle sich dabei um einen äußerst unpräzisen Zweig der Magie. Aber diese Autorin fordert uns stärker dazu heraus als je ein Geheimnis Edwin Droods. Und also folgen wir einer englischen Redewendung und drücken dem Glück Geißeln in die Hand.

SCHATTENARMEEN UND DER GOLDENE SCHNATZ

Der Titel des fünften Bandes ist *Harry Potter and the Order of the Phoenix*. Die deutsche Übersetzung *Harry Potter und der Phoenix-Orden* fällt eine Entscheidung über das schillernde

Wort *Order*, das auch den Befehl hätte meinen können. Aber der junge Crouch sprach schon am Ende des vierten Bandes ausdrücklich vom Schwarzen Orden, dessen Gegen-Orden nun offenbar der Dumbledores sein wird. Im nächsten Band haben wir es demnach mit drei Machtzentren zu tun: dem Geheimorden unter Dumbledore, der Macht gewinnenden Fronde des Dunklen Lords und dem Ministerium unter Fudge. Der trägt den weichen schummelnden Pfuscher schon im Namen und verschließt aus Angst um seinen Posten die Augen vor der Realität. Die Wechselwirkungen sind schwer abzuschätzen; schon in der Physik ist das Drei-Körper-Problem unberechenbar. Vielleicht wird Dumbledore seines Amtes enthoben, wahrscheinlich strömen Voldemort die Hilfskräfte zu, und die Guten geraten jedenfalls in Bedrängnis. Vielleicht versucht das Ministerium unter Malfoy-Einfluß sogar, Harry den Tod Cedrics anzuhängen und nach Askaban zu bringen – er hat ja keine Zeugen für seine Version, und Cedrics Tod schafft ihm, wie die Giftpresse bemerken würde, einen Konkurrenten um Cho vom Hals, die mit dem Hufflepuff-Helden immerhin den Weihnachtsball bestritt.

Auf der Gegenseite wird sich eine internationale Liga zur Bekämpfung Voldemorts herausbilden. Wahrscheinlich werden wir nicht nur Ägypten mit seinen Mumien (und Katzengottheiten), sondern auch das östliche Internat kennenlernen, mit seinen reizvollen Landschaften und Interieurs. Harry wird sich hoffentlich mit Krum befreunden, wenn nicht Rivalitäten um Hermione dazwischenfunken, und auch die Beziehungen zur dritten Schule des Trimagischen Turniers werden sich erfreulich festigen: Fleur Delacour aus Beauxbatons wird eine Stelle in Hogwarts und Bill Weasley bekommen, mit dem sie einen vielsagenden Blick getauscht hat. Eine Halb-Veela bei den Weasleys – chic!

Es wird dennoch keine prächtige Phalanx sein, die Dumbledore zusammenstellt, im Gegenteil. Die Idee des Kampfes, den er führen und gewinnen muß, wird darin bestehen, daß er ein Häufchen von Verlierern und Sonderlingen um sich schart: einen alten, verängstigten Auror, einen Werwolf, einen langjährigen Sträfling, Hippogreife, dicke Katzen und die devoten Elfen, die aufzuwiegeln Hermione – und vielleicht uns – noch Nerven kosten wird. Dumbledore kann sich keinen Purismus erlauben, was die Auswahl seiner Mitstreiter angeht. Es können auch halbseidene Trickser sein – man denke an Mundungus Fletcher, der nach den Unruhen beim Quidditch-Endspiel Schadenersatz für ein zerstörtes Zwölf-Zimmer-Zelt mit Jacuzzi fordert, obwohl er in Wirklichkeit unter seinem Mantel gecampt hat. Aber kann man sich seine Verbündeten immer aussuchen? Es gibt auch ausgesprochen unappetitliche darunter; und damit ist nicht Snape gemeint, der sich als Ex-Todesser, zu dem Dumbledore gleichwohl blindes Vertrauen hat, offenbar bei Voldemort einschleichen soll. Im Verbotenen Wald lebt auch noch die Riesenspinne Aragog, die immer auf Hagrids Seite war. Am Ende wird sich sogar dessen Überduldsamkeit gegenüber Monstren noch bezahlt machen.

Schwäche wandelt sich in Stärke, und die Letzten werden die Ersten sein. Gerade die Elfen sind, einmal als Verbündete gewonnen, von nicht zu überschätzendem Wert: Sie sind Geheimnisträger, in jedem Haushalt der Aristokratie vertreten, und wissen alles über die Leichen in den Kellern der Todesser. Selbst für die Allerletzte, für die Maulende Myrte, kann es noch eine Chance geben; wer weiß, vielleicht sogar ein spätes Glück. Auch sie hat ihre Fähigkeiten und hilft Harry, bei dessen Anblick sie immer silbrig anläuft, im *Feuerkelch* gewiß nicht zum letzten Mal. Der Welt, in der sie herumtaucht, wird auffällig viel Beachtung geschenkt. Es gibt ein starkes Unterwasser-Motiv in *Harry Potter*: das U-Rohr der Toilette, in dem Myrte lebt, das Marmorbad, in dem Harry mit dem goldenen Ei untertaucht, der See in der zweiten Prüfung, für die er sich Kiemen wachsen lassen muß, das kalte Wasser, in dem seine Mutter versinkt – das alles deutet auf einen Sog, vielleicht auf die Gefängnisinsel Askaban.

Wir werden wohl nicht umhinkommen, die Verliese dort kennenzulernen. Schon jetzt ist abzusehen, daß die Wächter dieser Verliese auf Voldemorts Seite überwechseln werden. Die Dementoren sind nicht die einzigen, auch die Riesen gedenkt Voldemort aus der Verbannung zurückzurufen; eine Schattenarmee, die sich in den nächsten Bänden zum Kampf rüsten wird. Der ersten Massenszene des Quidditch-Cups können weitere folgen, und am Ende mögen es Schlachtszenen sein. Das sportliche Element des ersten Finales wird sich in ihnen jedoch nicht ganz verflüchtigt haben. Nur wird das Herumfliegen einen neuen tödlichen Sinn annehmen – den Lesern zum Trost, die Quidditch bislang nur tödlich langweilig fanden.

Einmal schon ist Harry von den Dementoren beim Quidditch vom Besen gerissen worden – wir fressen einen Nimbus Zweitausend, wenn ihn das nicht für weitere Proben hat stählen sollen. Beruht doch das ganze Quidditch auf der Idee der kaum merklichen Steigerung. Harrys Jagd nach dem goldenen Schnatz ist das Training des Jungen, der täglich das Kälbchen in die Luft wirft und am Ende einen Ochsen stemmt. Der Schnatz steht am Anfang, es folgt das goldene Drachenei, schon gefährlicher, und im Finale wird er womöglich etwas auf dem Besen jagen und abfangen müssen, was sich jenseits aller Spielgrenzen bewegt. Unnötig zu sagen, daß er nicht nur sein Leben riskiert, wenn er versagt.

RIESENPROBLEME

Aber wie sollte er, wo er doch bestimmt von Charlie Weasley unterstützt werden wird, dem besten Sucher, den Hogwarts vor Harry hatte, zu schweigen von den oft erwähnten *Cannons*, Rons Lieblingsteam, das sich seiner Pflicht nicht entziehen und den Buchtitel *Fliegen mit den Cannons* hoffentlich veranschaulichen wird. Selbst aber wenn Charlie sich für Besenangriffe inzwischen zu eingerostet fühlt, kann er sich nützlich machen, sein Hauptberuf ist ja ein anderer. Charlie ist Drachenbetreuer, und wenn er motivisch nicht ein unnützer Eckensteher sein soll, werden seine Fähigkeiten noch einmal zum Einsatz gelangen. Schließlich hat er schon im ersten Band bei der Entfernung des Hagridschen Drachen Norbert hilfreich mitgewirkt. Daß die Drachen noch einmal wichtig werden, verrät im übrigen schon die Schokofrosch-Sammelkarte, nach der Dumbledore zwölf Dinge mit ihrem Blut anfangen kann. (Hat der deutsche Übersetzer etwas gegen Dumbledore, oder hat er etwas gegen Blut, daß er aus den »twelve uses of dragon's blood« sechs Anwendungen für Drachenmilch macht?) Vielleicht sind die Drachen, darunter der Hagrid verpflichtete Norbert, die einzigen Wesen, die selbst bösartigen Riesen Respekt einflößen.

Die respektlosesten Zauberer dieser Welt sind Charlies Brüder, die Zwillinge, und auch sie werden sich nicht um ihren Einsatz drücken können. Harry selbst hilft ihnen dabei, er stiftet ihnen das Pokalgeld des Trimagischen Turniers, damit sie sich eine ordentliche Existenz gründen können. Das ist nur gerecht: Rons nicht funktionierender Zauberstab hatte Harry einst das Gedächtnis gerettet, jetzt unterstützt er den Versandhandel mit magischen Scherzartikeln, deren beliebtester ein Jux-Zauberstab ist. Es müßte verhext zugehen, wenn unter diesen Erfindungen nicht auch einmal etwas gegen die Todesser dabei wäre, und sei es ein verzaubertes Nahrungsmittel wie die auffällig oft angeführten Kanariencremeschnitten.

Wie wird es sich mit Ron entwickeln? Die Motive Neid und Deklassierung sind durch Harrys großzügiges Geschenk an die Zwillinge ja nicht aufgehoben, und das der Eifersucht kann hinzutreten, falls auch Harry die fraulichen Reize Hermiones entdeckt. Der Schmollerei im vierten Band kann eine längere Krisenzeit folgen, es würde allerdings das Jugendbuch-Muster zu sehr verwirren, wenn es nicht wieder zur Versöhnung käme. Aber Proben, strenge, wird die Freundschaft eben deshalb zu bestehen haben, weil es kompositorisch fragwürdig wäre, einen Vorgeschmack auf diese Proben im vierten Band zu geben, dem in den drei nächsten nichts folgt. Es ist nicht einmal auszuschließen, daß Ron eine Zeitlang in die Nähe des Bösen rutscht (von strenger, ja antikischer Logik wäre es dabei, verriete ihn das eigene Geschenk, das Taschen-Spickoskop, das sich im *Feuerkelch* noch zweimal in Erinnerung pfeift). Eine mögliche Gelegenheit zur Versöhnung bestünde in der Lebensrettung; wenn Ron etwa entführt würde und Harry für Entsatz zu sorgen hätte.

Damit könnte Harry aber überlastet sein, denn Entführung droht auch einem anderen Freund. Was sollte die Nebenhandlung im *Feuerkelch* von Bertha Jorkins, der lauten und vergeßlichen Frau aus dem Sportministerium, die in Albanien in eine tödliche Falle tappt? Vielleicht bereitet sie eine Intrige vor, die nicht mehr das Neben-, sondern das Kernpersonal betrifft. Auch Hagrid, der mit Madame Maxime die Riesen vorm Überlaufen zu Voldemort abhalten soll, könnte in eine solche Falle geraten. Albanien ist das Berggebiet, in dem die Riesen leben. Und für Hagrid wäre es nicht das erste Mal. Schon im *Stein der Weisen* läßt er sich von Voldemort respektive Quirrell übertölpeln und verrät für ein Drachenei und ein paar Drinks, wie man den dreiköpfigen Zerberus durch Musik einschläfert. Kein Band, in dem er nicht in die Patsche gerät, aus der ihm Harry heraushelfen muß. Wenn Rowling dem Prinzip der Steigerung folgt, wird es das nächste Mal ernst.

Im größten Ernstfall steht für Harry noch ein Helfer in der Kulisse, oder huscht in ihr herum. Harry hat Pettigrew das Leben gerettet; dadurch ist ein magisches Band entstanden, das ihm, wie Dumbledore erklärt, eines Tages noch helfen werde. Ganz ähnlich erklärt Gandalf es im *Lord of the Rings* von Gollum, dessen Leben Bilbo mit ebenso weitreichenden Folgen verschont. Pettigrew, der Gollum in *Harry Potter*, versucht schon im Gärtner-Kapitel, Harry aus der Gefahrenzone zu bugsieren. Sein kaum verhohlener Ekel vor dem Meister fällt sogar dem alten Frank auf. Wenn Harry in einer Klemme steckt, aus der es beim besten Willen keinen Ausweg mehr gibt, dann wird die Ratte sich erkenntlich zeigen. Schließlich hat sie schon einmal Goyle in den Finger gebissen.

MALFOY, PERCIVAL, NEVILLE

Was soll aus Draco Malfoy werden, dem arroganten Rassisten-Sohn? Als Harry im zweiten Band in der verbotenen Schwarzmagier-Straße Lucius und Draco belauscht, weil er bei seiner Erstbenutzung des *Flee-Powder* im falschen Kamin gelandet ist, wird er Zeuge eines eisigen Vaters, der seinen Sohn gezielt demütigt. Für dieses Motiv gäbe es kaum einen Grund, sollten nicht spätere Verwerfungen im Malfoy-Verband damit vorbereitet werden. Aufplatzen könnte ein solcher Konflikt etwa dadurch, daß Lucius nach einer bei ihm durchgeführten Razzia dahinterkommt, daß es Draco war, der – vor Harry und Ron, die sich in Dracos Leibwächter verwandelt haben – ein gewisses Versteck unter den Dielen ausgeplaudert hat. Draco könnte die Pendantfigur werden zu Barty Crouch, der gegen seinen kalten Vater rebelliert.

Die Seite wechseln wird der Sohn jedoch nicht, das hat die Autorin halböffentlich dementiert. Motivisch würde es sich zwar gut einfügen, aber dazu ist ihr Draco, der Hermione zweimal den Tod wünscht, dann offenbar doch zu abscheulich. Dennoch, seine Feindschaft mit Harry tritt auf der Stelle und wird allmählich zäh. Entweder sie gehen sich ernsthaft an die Gurgel, oder Draco wechselt doch die Seite, auf fundamentalere Art.

Man würde höchstens rasch schmelzendes Kobold-Geld darauf wetten, daß er überlebt. »Ich sterbe«, ruft Draco schon im dritten Band aus. Er übertreibt schamlos, der Hippogreif hat ihn nur am Arm geritzt. Aber er übertreibt in einem Buch, dessen Pointe darin besteht, daß es unter vielen falschen Omina ein paar richtige versteckt. Exakt so jedenfalls verfährt Rowling im vierten Band. Harry und Ron machen sich einen Spaß daraus, sich vor der Astrologie-Hausaufgabe zu drücken und Unheil zu erfinden, das ihnen von den Sternen drohe; sie wissen, was Mrs Trelawney hören will, die erst schnurrt, wenn die Hälfte der Klasse in Todesangst bebt. Beide überbieten sich im Ausmalen der Mißgeschicke: Harry gerät in Gefahr, zu verbrennen, dann greift ihn ein vermeintlicher Freund von hinten an; Ron sagen die Sterne zweimaliges Ertrinken voraus. Kaum verschleiert, treffen alle diese Prophezeiungen ein. Harry wird bei der ersten Aufgabe des Turniers fast vom Feuerstoß aus dem Drachenmaul getroffen, der vermeintliche Mad-Eye greift ihn von hinten an, und Ron liegt bei der zweiten Aufgabe stundenlang gefesselt auf dem Grund des Sees.

Scherzhafte und darum seriöse Prophezeiungen gab es auch über Percy, der eine Schlüsselfigur im fünften Band sein wird. Schon in der *Kammer des Schreckens* erzählen seine

Brüder, er strebe das Amt des Zauberei-Ministers an. Daß er bereit wäre, Crouch zu vergiften, nur um an seine Stelle zu rücken, ist eine der Sottisen im *Feuerkelch*. Auch ohne solche Nachhilfe ist sein Vorgesetzter nun aus dem Weg geräumt, und wenn ihm Fudge nicht die Beförderung verweigert, was den Wurm des enttäuschten Ehrgeizes auf Boa-Größe anschwellen lassen würde, aber unwahrscheinlich ist, dann sehen wir Percy im nächsten Band in leitender Funktion im Ministerium. »Vertraue mir«, werden die Stimmen des Bösen ihm ins Ohr säuseln wie Kaa dem schläfrigen Mowgli im *Dschungelbuch*. Wird Percy zur Seite der Macht schwanken, wie sein Bruder Ron meint? Der starke falsche Verdacht, der im zweiten Band auf ihn gelenkt wird, immunisiert ihn gegen spätere Verdächtigungen, was ein Trick der Autorin sein kann. Aber Ron lag mit seinen Thesen bisher immer falsch, anders als Hermione, die ihm bei der Beurteilung Percys widerspricht.

Letztlich wird er seine Familie nicht verraten, auch wenn alles danach aussehen mag. Im Sinne der Artus-Sage wird sein Name, Percival, auch so gedeutet, daß er zum treuen Verbündeten Harrys avanciert. Das allerdings scheint nach dem vierten Band fast weniger wahrscheinlich, als daß Percys Eule namens Hermes einen Übergang vorbereitet. Wie im Falle Dracos ist nicht auszuschließen, daß die Autorin dabei den finalen im Auge hat.

Hermes geleitet die Seelen der Verstorbenen in den Hades. Da er ein vielbeschäftigter Gott mit hundert anderen Aufgaben ist, muß damit noch nichts festgelegt sein. Dennoch steht zu fürchten, daß die Schrift an der Wand schon erschienen ist. Frau Weasley verliert im zweiten Band fast ihre Tochter, im vierten Band macht sie sich furchtbare Sorgen, weil ihre Kinder zu spät vom Quidditch-Finale heimkommen. Es wird wohl etwas passieren, und wenn es nicht Percy trifft, dann vielleicht einen der beiden Ältesten. – Wen noch? Daß sich die schmerzlichen Einschläge häufen werden, hat die Autorin nicht nur angekündigt, sondern auch gerechtfertigt:

> *Graham Greene hat gesagt, ein Schriftsteller habe immer ein Stück Eis in seinem Herzen. Und wenn man über das Böse schreibt und es damit ernst meint, kommt man um Todesszenen nicht herum. Es bringt nichts, zu schreiben: »Voldemort brachte dreißig Menschen um.« Das ist einem egal. Erst wenn er jemanden umbringt, den Sie mögen, begreifen Sie, was das bedeutet. Deswegen muß die Figur daran glauben, so leid es mir tut.*

Wer also wird es sein? Malfoy? Mit Vergnügen. Der junge Potter-Verehrer Creevey? Unserethalben. Albus Dumbledore? Wenn Harry einmal ganz ohne Netz arbeiten muß, kurz vor Schluß. Aber bitte nicht Neville! Neville Longbottom schwebt in Gefahr, gerade weil er nicht irgendeine Nebenfigur ist. Wir müßten nicht in einem Buch über Zauberer stecken, um zu ahnen, daß Namen und der Akt des Benennens magisch sind. Darum vermeiden fast alle den Namen Voldemort. Und darum ist es bemerkenswert, daß Harry sich zum Anfang des dritten Bandes, als er im Knightbus flieht, als »Neville Longbottom« ausgibt. Es ist der erstbeste Name, der ihm einfällt – aber nicht ihr, der Autorin. Sie schafft eine magische Verwandtschaft damit, die sich sogar genetisch bestätigen könnte; wer weiß, wie Nevilles Eltern zu den Potters standen, Opfer Voldemorts alle vier. Unabhängig von solchen Blutsverbindungen ist Neville Harrys geheimer Zwilling: Der elternlose Außenseiter, der seine Ängste überwindet, versucht im kleinen Stil, was Harry im großen gelingt. Und genau darin liegt die Gefahr. Neville, der Vergeßliche, wird sich für seine dennoch nicht vergessenen Eltern rächen wollen (die übrigens ohne Mühe reanimiert werden könnten), er wird sich selbstlos für seine Freunde in die Bresche werfen – Harry macht ihm ja alles vor. Der Riesenschussel wird über sich hinauswachsen; in der Zukunft, die unsichtbar auf den Knien der Götter ruht, erwartet ihn eine große Tat. Ist es möglich, daß er den Heldentod dabei stirbt?

So groß wird das Stück Eis im Schriftstellerinnenherz schon nicht sein. Nevilles einzige Stärke liegt übrigens in der Pflanzenkunde; vielleicht beerbt er eines Tages Mrs Sprout.

DUMBLEDORES TRIUMPH

Harry hat schon mehr als eine Heldentat hinter sich. Nach seinem Duell mit Voldemort und der geglückten Flucht muß er Dumbledore und Sirius Black genau schildern, was ihm zugestoßen ist. Wir Leser müßten es nicht noch einmal hören, wir waren ja dabei. Aber nur so werden wir Zeugen, wie die beiden an einer bestimmten Stelle seiner Erzählung reagieren. Sirius schreit entsetzt und Dumbledore springt auf, als Harry von dem Bluttransfer berichtet. Offenbar wissen beide mehr über die Implikationen dieser erzwungenen Blutsbrüderschaft.

Was die Sache verwickelt macht, ist die Bemerkung, die kurz darauf folgt. Harry erzählt, wie prompt die Blutzufuhr auf den anämischen Lord gewirkt habe. Voldemort habe ihm gesagt, der Schutz, den Lily Potter ihrem Sohn geschenkt habe, fließe nun auch in seinen Adern. »Und er hatte recht – er konnte mich anfassen, ohne sich zu verletzen, er hat mein Gesicht berührt.« Schön und gut, Voldemort kann das jetzt, wir wußten es ja, daß er wiedererstarkt. Nicht darin liegt das Problem, sondern in dem kleinen Nachsatz:

> *Einen flüchtigen Moment lang glaubte Harry, etwas wie Triumph in Dumbledores Augen aufglimmen zu sehen. Doch im nächsten Augenblick war er sich gewiß, daß er sich das nur eingebildet hatte, denn als Dumbledore zu seinem Stuhl hinter dem Schreibtisch zurückgekehrt war, wirkte er erneut ungewohnt alt und müde. »Nun denn«, sagte er und setzte sich. »Voldemort hat dieses eigentümliche Hindernis überwunden.« (IV, 727)*

Warum sollte Voldemorts mächtigster Gegner Triumph über die Schwächung von Harry Potters Abwehrzauber verspüren? Nein, nicht was jetzt manche denken. Daß Dumbledore von Voldemort gefürchtet wird, haben wir aus dessen eigenem Mund, es gibt keinen Grund, daran zu zweifeln. Dumbledore am Ende als den wahren Bösen zu entlarven, widerspräche der Logik und Fairneß der Autorin; was nicht hindert, daß der Satz auch die Funktion haben kann, dem hysterischen

Leser eine falsche Fährte zu legen. Woher aber sonst kann der Triumph rühren, den sich Harry gewiß nicht nur einbildet?

Vielleicht steht die Antwort schon im ersten Band. Weil Voldemort nicht richtig lebendig sei, könne er auch nicht getötet werden, erklärt dort Dumbledore. *Solange* er nicht richtig lebendig ist, kann er nicht getötet werden. Wenn sich Voldemort dem Menschlichen annäherte, würde er zugänglicher und verwundbarer. Dumbledore wüßte dann, daß Voldemorts Zugewinn an Macht nur ein scheinbarer ist: wenn der Herr der Finsternis das Blut Potters in sich hat, könnte er von weißen Zauberern vernichtet werden. Diese Möglichkeit widerspricht freilich den Auskünften Voldemorts, wie wir gleich hören werden. Hier jedenfalls, wie in Dumbledores Vorgeschichte, über die wir auffällig wenig wissen, stecken Knoten wie Lösung der nächsten Bände.

Auf das alte Prinzip dürfen wir uns wohl auch in ihnen verlassen. Sie reimen sich fast, der Gute und der Böse, wenn man das »mort« in seinem Namen französisch ausspricht. Die Feder in Voldemorts Zauberstab, erfährt man gegen Ende fast beiläufig, stammt aus dem Phönix Dumbledores. Wie kommt Voldemort zu der Ehre? Wie der Satan bei Milton scheint Rowlings Luzifer engere Beziehungen zum Gottvater zu unterhalten, als der Hufflepuff es sich in seiner Schulweisheit vorstellen kann.

Irgend etwas hat Voldemort irregeleitet, er war vielleicht nicht von Anfang an schlecht. Harry meint im zweiten Band, sich an Tom Riddle wie an einen Freund aus frühen Zeiten zu erinnern. Irgend etwas hat Riddle umgedreht, woran nicht nur er schuld sein muß. Schuld – vielleicht liegt Schuld auf dem Grund des Brunnens, der so tief ist wie Harrys Vergangenheit.

DER FEIND DAHEIM

Die Geschichte Harry Potters beginnt nicht mit seiner Geburt. Sie öffnet sich weit nach unten in die Vorzeit. Harry hat eine riesige Last zu tragen, die er sich nicht selbst aufgebürdet hat. Er ist Stellvertreter oder Auserwählter in einem größeren Konflikt, von dem er bislang noch nichts weiß; Siegfried, der ohne Eltern aufwächst und dem Wotan das Göttergeschick auf die Schultern legt; Frodo, der den Ring der Macht vernichten muß. Das Pergament mit dieser Vorgeschichte wird sich in den nächsten Bänden entrollen: Dumbledores und Lilys Geheimnisse, der Ursprung des Potterschen Vermögens, Harrys Stammbaum, dessen Äste sich bei den Großeltern zur bösen Seite hinüberranken mögen, die Rolle der reichen Malfoys, Voraussagen über das Retter-Baby, von dem den Schwarzmagiern Gefahr droht, die versteckten Beziehungen zu den Muggles.

Es liegen viele Möglichkeiten der Auflösung in der Luft, die sich doch nicht alle erraten lassen. Was immer aber die Vorgeschichte sein wird, einer ihrer Motivkerne scheint klar. Rowling legt ihn wieder durch die Namensgebung bloß. Die Geschichte, die sie in *Harry Potter* doppelt und dreifach erzählt, handelt vom Feind in der eigenen Familie. Wer ist Tom Riddle? Vater und Sohn. Wer ist Barty Crouch? Vater und Sohn. Beide Söhne tragen den Namen des Vaters. Beide Söhne sind von ihren Vätern bitter enttäuscht. Vielleicht gleichen sie ihnen zu sehr, beide enden sie jedenfalls damit, sie zu hassen. Beide Väter, Riddle und Crouch, waren hart, kalt und unbeliebt. Beiden Söhnen war es ein Vergnügen, sie aus der Welt zu schaffen.

Das ist das Gegenteil des Dramas Harry Potters, der alles – fast alles – tun würde, um seinen Vater wieder am Leben zu sehen. Ganz unberührt von dem Motiv ist aber auch Harry nicht, der vollständig Harry *James* Potter heißt. Sein Onkel Vernon, dem es peinlich ist, daß Harry eine Zaubererschule besucht, erfindet eine Deckgeschichte. Sie ist genauso sprechend wie das, was sie verheimlichen soll. Laut Vernon lebt sein Neffe im St.-Brutus-Sicherheitszentrum für unheilbar kriminelle Jungen. Harry ist ein unverbesserlicher Tyrannenmörder. Aber eben nicht nur das. Cäsar, auf den die ersten Messerstiche niedergehen, klagt Brutus an: Auch du, mein Sohn?! Darum, weil der Sohn den Vater verrät, fügt Rowling das Motiv in ihren Roman.

Darf man das große Gegenwort hinzudenken? In der Religion, die laut Chesterton die einzige ist, in der Gott für eine Sekunde lang Atheist war, hat der Fall Brutus seine welterschütternde Umkehrung. Wenige Jahre nach Cäsars Tod wird ein sterbender Sohn seinen Vater anklagen, warum er ihn verlassen habe.

John Ronald Reuel Tolkien, vaterlos aufgewachsen, verlor seine Mutter, als er dreizehn Jahre alt war. Sein Werk, von dem er sagte, es speise sich ganz aus frühen Erfahrungen, entziffert sich unterm schwarzen Licht dieser Katastrophe als lebenslanger Liebesdienst an der toten Mutter. Es ist ein archaischer Dienst, ein Dienst unter Zwang, der kaum einmal vom Licht des Bewußtseins gestreift wird. Tolkien hatte nie die Chance, sich von seiner Mutter zu lösen. Das Trauma ihres Verlusts brach in einem Alter ein, in dem es nicht zu bearbeiten, nur einzukapseln war. Der Muttertod, der ihn allein auf der Welt zurückließ, hatte die Zeit für immer angehalten und etwas in der Seele arretiert; Tolkien blieb sein Leben lang ein dreizehnjähriger Junge.

Man vergleicht sie etwas zu oft, aber doch nicht ohne Grund. Joanne Rowling verlor ihre Mutter, als sie fünfundzwanzig Jahre alt war. Anne Rowling war erst fünfundvierzig, als sie an Multipler Sklerose starb. Das Buch ihrer Tochter wäre nicht nur anders ohne diesen Tod. Wenn es mit den Werken wie mit den artesischen Brunnen ist, daß sie sich nämlich um so höher erheben, »je tiefer die Grube ist, die das Leiden in unserem Herzen ausgehoben hat«, wie es bei Proust heißt, dann wäre *Harry Potter* ohne diesen Tod nie so hoch über sich hinausgewachsen.

Sechs Monate nachdem ich das Buch angefangen hatte, starb meine Mutter, was mich tief getroffen und damit auch das Buch geprägt hat. Ich hätte nach dem Prinzip von

Roald Dahl vorgehen können, der das in »James und der Riesenpfirsich« höchst elegant gelöst hat: James' Eltern werden von einem Nashorn gefressen. Das ist sehr lustig, und ich mag diesen Zugang: »Gut, die haben wir aus dem Weg geschafft, machen wir vorwärts mit der Geschichte.« Ich zog es vor, in die Gegenrichtung zu gehen und zu ergründen, was so ein Verlust für Gefühle auslöst.

Ergründen – das ist es, was ihr erlaubt war, nicht aber dem zu jung getroffenen Schöpfer des Auenlandes, der sich an den zu schlimmen Schmerz nie bewußt herantasten konnte.

Eine der ältesten Metaphern des Bewußtseins ist der Spiegel, und vor einem Spiegel spielt auch eine der berühmtesten Szenen *Harry Potters* – seine Herzszene, wie die Autorin bekennt. Der durch die Flure streunende Harry entdeckt den Spiegel Nerhegeb, den *Mirror of Erised*, der dem Betrachter dessen tiefste Wünsche, *Desire*, vor Augen führt. Auch Tolkien erfindet einen solchen Zauberspiegel, den *Mirror of Galadriel*, aber er verwendet ihn nicht dazu, den Hobbit Bilbo davor auftreten zu lassen, dem darin die geliebte Mutter erschiene. Rowling spiegelt ihren eigenen Wunsch auf die Hauptfigur. Harry sieht, mit einem zerreißenden Gefühl, seine Eltern, die ihm zulächeln und winken. Bald wird er erfahren, daß es die Magie der Mutterliebe war, die ihn überleben ließ. Auch bei der Autorin würde der Spiegel Nerhegeb die Mutter zeigen. Sie träume davon, ihr fünf Minuten lang alle Neuigkeiten erzählen zu können:

Ich würde drauflosplappern und nach fünf Minuten mer-

ken, daß ich gar nicht danach gefragt habe, wie es ist, tot zu sein. Der typische Egoismus des Kindes, nicht wahr?

Das große Thema *Harry Potters* erscheint im ersten Band schon im Titel, und auch im Titel des fünften Bandes ist es präsent. Der Stein der Weisen verhilft zu der Unsterblichkeit, die auch der ägyptische Phönix besitzt, der gleich bei Harrys erstem Besuch in Flammen aufgeht. Harry erschrak damals umsonst, der Tod hat für einen Phönix die Wirkung eines Jungbrunnens. Aus der Asche ersteht er neu; die Sanduhr wird umgedreht, wie bei Hermiones Zeitreise, und das nächste Leben beginnt.

Das Muster des Phönix schillert durch alle Seiten der Harry Potter-Saga. Leben und Tod sind in diesen Büchern nicht kategorial geschieden. Sie sind entgegengesetzte Enden auf einem Farbspektrum, mit gleitenden Übergängen: Echos, Wiedergänger, Patroni, Schatten, Geister – tröstliche Gedanken für jeden, der den Wechsel der Kategorie ins Auge fassen muß.

Diese gleitende Skala ist es, die Rowlings Lieblingsautor wohl am stärksten berührt hätte. Vladimir Nabokov war dreiundzwanzig, als sein Vater erschossen wurde; Opfer eines Attentats, das ihm gar nicht gegolten hatte. Dieser blinde, stupide Tod war das dunkle Zentralgestirn in Nabokovs Leben, das alles Spätere überstrahlte. Von jetzt an verschwand aus seiner Lyrik das Wort Gott. Und es begann die Scharade der Geister.

In manchen seiner Bücher übernehmen sie offen die Macht. Ein Jahr nach der Ermordung des Vaters entstand das

Theaterstück *Der Tod*, in dem eine Figur stirbt und insgeheim dennoch weiterlebt. In dem Roman *Der Späher* ist der Ich-Erzähler ein schwebendes Auge; das Geistorgan eines Mannes, der Selbstmord begangen hat. In den *Durchsichtigen Dingen*, einem späten Roman, ist der Erzähler ein verstorbener Schriftsteller, der im Schlußsatz die Hauptfigur nach deren Hinscheiden im Geisterreich willkommen heißt.

Es gibt auch weniger offensichtliche Belege für das, was Véra Nabokov das Wasserzeichen nannte, das alles präge, was ihr Gatte geschrieben habe, die Beschäftigung mit *potustoronnost*, der »otherworld«. Selbst Nabokovs berühmtester Erzähler Humbert Humbert trägt die Geschichte seiner Leidenschaft für Lolita an einem Ort vor, der nicht hienieden zu liegen scheint. Er redet die »himmlischen Geschworenen« an, und wenn er von seinem Zuhause als von seiner »gutgeheizten Abgeschiedenheit« spricht, könnte man auf den Gedanken kommen, er schreibe von der Hölle aus. In seinem späten Meisterwerk *Fahles Feuer* versteckt Nabokov das Muster in einer Datumsangabe: der Tag, an dem die Hauptfigur einem fehlgeleiteten Attentat zum Opfer fällt, ist der Geburtstag von Nabokovs Vater. Die Spiegelung des Datums ist mehr als nur Finte oder Verschlüsselungskniff. Tod und Geburt fallen in diesem Datum zusammen; was tot schien, wird in Wahrheit leben.

Aber es gibt auch immer das Gegenteil. In dem Roman *Die Gabe* kehrt der lange verschollene Vater des Helden Fjodor überraschend zurück. Wir werden hoch getragen von den Fluten der Emotion bei diesem unverhofften Wiedersehen und stürzen um so tiefer, wenn der Autor uns und Fjodor unsanft weckt: das Wiedersehen mit dem Vater war nur allzu verhofft, so drängend erhofft, daß sich, da die Wirklichkeit nicht mit Erfüllung dienen konnte, kein anderer Gehilfe bot als der Traum.

Auch Harry sieht seinen toten Vater wieder, in einer Sphäre zwischen Wirklichkeit und Traum, und von Band zu Band rücken die Eltern näher. Andere Tode konnten rückgängig gemacht werden, auch wenn es bislang nur scheinbare waren. Vom Tod zum Leben kehrt auch Voldemort zurück, ein Parasit zuerst, der sich nur auf Wirtskörpern in seiner Zwischenexistenz halten kann, aber dank Harrys Blut wieder vollblühende Gestalt annimmt. Das sterbliche Leben ist ihm freilich nur Etappe auf einem ehrgeizigeren Weg.

PYTHON UND LÖWE

Was bindet die Jünger an Voldemort? Vermutlich das gleiche, was die Christen an Gott bindet, die Aussicht auf ewiges Leben. Schon der nicht zu nennende Name spielt mit dem Doppelsinn des »vol«: Luziferischer Sturz oder Todesflug hinab aus dem Reich des Göttlichen, aber auch der Raub, »vol«, des Todes, den Voldemort seinen Anhängern in Aussicht stellt. Bei der Vollversammlung auf dem Friedhof sagt er ihnen ausdrücklich, daß er auf dem Weg zur Unsterblichkeit weiter als alle anderen gegangen sei. Schließlich hätte er sterben müssen, als der Fluch, mit dem er den Säugling Harry vernichten wollte, durch die Magie des mütterlichen Opfertods abprallte und sich gegen ihn selbst richtete. Aber er hat, wenn auch unter finsteren Umständen, überlebt. Damit fühlt sich Voldemort in seiner Ambition bestärkt: »Ihr kennt mein Ziel – den Tod zu besiegen.« (IV, 682) Kunststück, daß sich seine Jünger erhoffen, der Meister werde sie an diesem Sieg teilhaben lassen und nicht nur abgehackte Hände durch silberne ersetzen, sondern ihrem Leben überhaupt die Dauer von Erz verleihen.

Beide Motiv-Bewegungen – Harrys Eltern rücken näher, Voldemort will den Tod besiegen – könnten auf dem Kulminationspunkt verschmelzen. Was wäre die größte Versuchung, in die der Held geraten könnte? Voldemort könnte, in die Enge gedrängt, Harry anbieten, James und Lily ins Leben zurückzurufen. Selbst Zauberer vermögen es nicht, Tote zu erwecken, wir wissen es, aber Voldemort scheint sich dem Punkt zu nähern, an dem diese Unmöglichkeit kippt; vielleicht spiegelt er es auch nur vor. Unsterblichkeit wäre nicht göttliche Verheißung, sondern eine teuflische Offerte. Um des Geliebtesten willen müßte Harry dem Bösesten willfahren. Im Drehbuch des ersten *Harry Potter*-Films, das von der Autorin abgesegnet worden ist, geht der bedrängte Voldemort in der Schlußszene mit einem solchen Lock-Angebot schon vielsagend über die bislang vorliegenden Bände hinaus.

Wenn es so käme, würde Harry der Versuchung widerstehen. Man kann sich nur schwer ein anderes Ende für die sieben Bände denken: Harry Potter ist gereift, schickt sich ins Unabänderliche und nimmt den Tod der Eltern hin. Die Trauerzeit gelangt zu einem Abschluß. Die Python, die in Prousts Bild den zitternden Löwen verschlang, war das Vergessen, das die Liebe verschlingt. Im besten Fall, der traurig genug ist, hat auch der Abschiedsschmerz ein Ende. Anders als bei Tolkien muß das Trauma nicht verkapselt und dadurch neurotisch verewigt werden. Doch davor steht der Autorin und dem Leser noch ein Kelch, der bitterste, bevor.

Harrys Mutter mußte sterben, damit der Knabe lebe. Nur das gleiche heilt das gleiche, nur der Tod des alten Ich versöhnt mit dem Tod. Wir wollen nicht die Pferde der Ringgeister scheu machen und lassen uns mit Freuden widerlegen. Aber auch auf die Gefahr hin, der Schwarzseherei bezichtigt zu werden: es fehlt ein letzter Name auf der Liste der möglichen Opfer. Einer der Tode, der ihr noch obliege, werde furchtbar zu schreiben sein, sagte Rowling in einem Fernsehinterview. Es ist keine Frage des Eisstücks im Herzen, dieses Mal. Es geht nicht mehr um andere, die man verschonen oder Voldemort in den Rachen schmeißen kann. Es geht um das Grab, das man einem früheren Ich aushebt.

Nicht nur ihre Hauptfigur muß Abschied nehmen von ihrem kindlichen Ich, auch die Autorin muß es. Sie war fünfzehn, als ihrer Mutter die Diagnose gestellt wurde. Seit dieser Zeit hatte sich der Tod in ihrer Welt eingenistet. Wenn er ausgetrieben werden, wenn es sogar Versöhnung mit dem Tod geben soll, muß ihr jugendliches Ich und Alter ego sterben: Hermione. Ihr Name ist nicht zufällig gewählt. Hermione stirbt auch im *Wintermärchen*. Sie verwandelt sich in die Statue, zu der ihre Namensschwester, behutsam vorausdeutend, schon früh einmal versteinert.

Auch Harry ist mit Ich-Fluiden vollgesogen, auch er ist ein Alter ego des allein gelassenen, um seine Mutter trauernden Kindes, und auch um ihn muß man sich Sorgen machen, wenn man den Warnungen der Autorin glaubt. Rowling schärft ihren Lesern immer wieder ein, sie sollten sich nur nicht in Sicherheit wiegen, daß der Held überleben werde. Offen gesprochen, alarmieren uns diese Warnungen nicht sonderlich. *Scar*, nach Rowlings Auskunft das letzte Wort des letzten Bandes – wen soll diese Narbe zieren, wenn nicht Harry Potter, den sie uns doch wohl kaum als Leichnam auf die Schwelle werfen wird?

Es gibt, wenn es denn wirklich sein letztes ist, kein besseres abschließendes Wort für den Zyklus, der die Geschichte einer gelingenden Heilung und Vernarbung erzählt. Harry Potter wird volljährig, das schwere Eichentor wird sich hinter ihm schließen, und Hogwarts wird ihn ins Leben entlassen. Seien wir ehrlich: Was unser Held nach der vorläufigen Niederwerfung Voldemorts anfangen wird, ob er mit Cho oder Ginny Urlaub macht, ob er als jüngster Zaubereiminister eine Politik der Entente cordiale mit den Muggles durchsetzt, oder ob er sich als Sortimentsbuchhändler bei *Flourish & Blotts* bewirbt – das liegt in dem Nebel, den nur Mrs Trelawney durchdringen könnte. Wenn sie einen guten Tag hätte.

Noch eine andere Frage allerdings bleibt offen. Transsylvanien schlägt England in der Quidditch-Weltmeisterschaft 390 : 10. Ob *das* ungerächt bleibt?

ANHANG

ANMERKUNGEN

Aus den vier Bänden *Harry Potter und der Stein der Weisen* (I), *Harry Potter und die Kammer des Schreckens* (II), *Harry Potter und der Gefangene von Askaban* (III) und *Harry Potter und der Feuerkelch* (IV) wird nach Band- und Seitenzahl aus der gebundenen Ausgabe bei Carlsen zitiert. Originalzitate folgen den englischen Taschenbüchern bei Bloomsbury. Die englischen Titel lauten: *Harry Potter and the Philosopher's Stone* (in der amerikanischen Ausgabe *Sorcerer's Stone*), *Harry Potter and the Chamber of Secrets*, *Harry Potter and the Prisoner of Azkaban* und *Harry Potter and the Goblet of Fire*.

Der Autor bittet um Nachsicht dafür, wenn er sich der Übersetzung von Klaus Fritz nicht immer anschließen wollte. »Muggles« haben andere Valeurs als »Muggel«, eine Hermine ist bei Shakespeare unbekannt, anders als Hermione, und wer würde nicht einen plumpen »Charmantestes-Lächeln-Preis« in der Ecke stehenlassen, wenn er mit einem »Most-Charming-Smile-Award« prämiert werden könnte? Die Mischsprache, die durch diese Auswahl entsteht, soll wenigstens einige der Schön- und Eigenheiten des Originals durchschimmern lassen. In ihrer Inkonsequenz hat sie freilich keine andere Rechtfertigung als die des persönlichen Geschmacks.

Eine ähnliche Inkonsequenz waltet bei der wechselnden Bezeichnung der Autorin, die sich das »K.« im Namen nur auf Drängen ihres Agenten Christopher Little zulegte, der ihren (einzigen) Vornamen Joanne auf dem Umschlag des ersten *Harry Potter*-Bandes vermeiden wollte. Little hatte aus der Kinderbuchbranche läuten hören – ein Fehlläuten, wie sich rasch zeigen sollte –, daß die Bücher weiblicher Autoren von Jungen boykottiert würden. »J. Rowling« schien zu karg, und so entstand als ein Kunst- oder Verlegenheitsprodukt das mittlere »K.«, das sich Joannes Großmutter Kathleen verdankt.

Den Lesern, die *Harry Potter* noch nicht, nur flüchtig oder nicht mehr genau kennen, bietet eine den Anmerkungen folgende Tafel der Figuren, Orte und Magischen Hilfsmittel die Möglichkeit des Nachblätterns und der raschen Orientierung.

ZU KAPITEL I

DIE BERÜHMTE ZUGFAHRT: Aus einem Interview, das Thomas Bodmer mit Joanne K. Rowling am 23. April 1999 in Nicolson's Café in Edinburgh geführt hat, als dergleichen noch drei Stunden lang möglich war. Alle nicht näher ausgewiesenen Zitate Joanne K. Rowlings beziehen sich auf dieses Interview, dessen Übersetzung mir Thomas Bodmer liebenswürdigerweise zur Verfügung gestellt hat.

UNBEKANNTER GRUND DER NARBE: »I'd had ideas I liked, but never quite so powerful. And Harry came first, in this huge rush. Doesn't know he's a wizard, how can he not know? And, very bizarrely, he had the mark on his forehead, but I didn't know why at that point. It was like research. It didn't feel as if I were entirely inventing it.« (Aus einem Interview in *Newsweek* vom 10. Juli 2000, S. 60.)

NACHSCHÖPFUNG EINES SCHON FERTIGEN BUCHES: Vgl. Vladimir Nabokov, *Deutliche Worte. Interviews, Leserbriefe, Aufsätze*, hg. von Dieter E. Zimmer (Gesammelte Werke, Band XX), Reinbek bei Hamburg 1993, S. 114.

UNBEACHTETER GEBURTSTAG: Auch in Nabokovs Roman *Pnin* spielt dieses für *Harry Potter* so wichtige Motiv eine allerdings noch raffinierter verschleierte Rolle: Pnin weiß selbst nicht, daß der Arbeitstag, den der Autor in minuziöser Ausführlichkeit schildert, sein von niemandem beachteter Geburtstag ist; nur eine seufzende Seitenbemerkung des Erzählers führt den Leser auf die chronologische Spur.

HERMIONE ALS SELBSTPORTRAIT: Vgl. Sean Smith, *Joanne Rowling. A Biography*, London 2001, S. 45.

PERCHED ATOP A HIGH MOUNTAIN: Vgl. *Harry Potter and the Philosopher's Stone*, London 2000, S. 83. In der deutschen Übersetzung lautet der Satz: »Drüben auf der anderen Seite, auf der Spitze eines hohen Berges, die Fenster funkelnd im rabenschwarzen Himmel, thronte ein gewaltiges Schloss mit vielen Zinnen und Türmen.« (I, 124)

W. H. AUDEN ÜBER TOLKIEN: Vgl. *FAZ* vom 7. Januar 2002, S. 36. Auden hat gegen die Uniformität der Bösen – die es bei Rowling nirgends gibt – nicht nur theologische (sie setze einen zweiten, bösen Schöpfer voraus), sondern auch moralische Einwände.

GROSSTANTE ENID: Im Interview mit Thomas Bodmer läßt Rowling keinen Zweifel daran, wie wenig sympathisch ihr die sozial homogene und hormonfreie Internatswelt Enid Blytons ist.

EINHÖRNER? DAS MUSS FANTASY SEIN: Vgl. das *Newsweek*-Interview.

DAS VORBILD JANE AUSTEN: Aus dem Interview mit Thomas Bodmer. Vgl. auch Bodmer, »Warum Sie Potter trotzdem lesen sollten«, in: *Die Weltwoche*, Nr. 47, 22. 11. 2001, S. 53 f.

MANNSCHAFTSSPORT QUIDDITCH: Das Lexikon beschreibt diesen Sport korrekt als eine Mischung aus Basketball, Fußball, Feldhockey, Rugby und Polo, natürlich nicht zu vergessen das Ballspiel der Azteken »ollamalitzli«. Vgl. Friedhelm Schneidewind, *Das ABC rund um Harry Potter*, Berlin 2000, S. 285; ein in allen Fragen zuverlässig hilfreiches Nachschlagewerk.

PROFESSIONELLER MAGIER: Freundliche Auskunft Jörn Hagens von »Hagens Zauberschau«.

DIE SCHÖNHEIT DER GELUNGENEN FABEL: Vgl. *Ansichten des Romans*, übersetzt von Walter Schürenberg, Frankfurt am Main 1949, S. 98. Im Original lautet die Stelle: »The plot-maker expects us to remember, we expect him to leave no loose ends. Every action or word ought to count; it ought to be economical and spare; even when complicated it should be organic and free from dead-matter. It may be difficult or easy, it may and should contain mysteries, but it ought not to mislead. And over it, as it unfolds, will hover the memory of the reader (that dull glow of the mind of which intelligence is the bright advancing edge) and will constantly rearrange and reconsider, seeing new clues, new chains of cause and effect, and the final sense (if the plot has been a fine one) will not be of clues and chains, but of something aesthetically compact, something which might have been shown by the novelist straight away, only if he had shown it straight away it would never have become beautiful [...] – beauty at which a novelist should never aim, though he fails if he does not achieve it. [...] She looks a little surprised at being there, but beauty ought to look a little surprised: it is the emotion that best suits her face, as Botticelli knew when he painted her risen from the waves between the winds and the flowers. The beauty who does not look surprised, who accepts her position as her due – she reminds us too much of a prima donna.« (*Aspects of the Novel*, San Diego, New York, London 1985, S. 88.) – Im deutschen Sprachraum greift diese Gedanken Heimito von Doderer auf, der sich dabei ausdrücklich auf Forster bezieht. In seinem Essay »Grundlagen und Funktion des Romans«, der in dem Band des Potter-nahen Titels *Die Wiederkehr der Drachen* abgedruckt ist, vertritt Doderer, daß die Handlung gleichsam die musikalische Struktur eines Romans sei.

MR WEASLEYS INTERESSE AM POSTSYSTEM DER MUGGLES: Auch das Postsystem der Zauberer verdiente gelegentlich Erklärung. Wieso kann Hagrid mit Hedwig einen Brief an Harry schicken? Das ist doch Harrys Eule, und seit wann schicken die Adressaten die Eulen, und nicht die Absender?

ZU KAPITEL II

DAS PARADOX DES GÖTTLICHEN KINDS: Vgl. C. G. Jung, K. Kerényi, *Das Göttliche Kind in mythologischer und psychologischer Beleuchtung*, Albae Vigilae, Heft VI/VII, Leipzig 1940, S. 110. Die finnische Heldensage ebd., S. 32 ff.; das »goldene Ei« S. 113 f. Vgl. auch Gundel Mattenklott, »Text aus Texten. Phantastische Traditionen bei Harry Potter«, in: *Harry Potter oder warum wir Zauberer brauchen*, hg. von Olaf Kutzmutz, Bundesakademie für kulturelle Bildung, Wolfenbüttel 2001, S. 33–43.

ZU KAPITEL III

HARRYS TOTE ELTERN: »Als ich den *Stein der Weisen* schrieb«, sagt Rowling in dem Bodmer-Interview, »hatte ich tatsächlich zehn verschiedene Anfangskapitel. In einem davon wurde die Nacht geschildert, in der Harrys Eltern starben. Ich mag das Kapitel, und es hat mir in der Seele weh getan, es rauszunehmen. Doch ich fand, man sehe so zu viel von dem, was Harry erst im Lauf des Buches für sich herausfindet. Am Schluß von Buch III hat er das meiste von dem herausgefunden, was in jener Nacht passiert ist.« Schon das widerlegt alle Gedankenspiele, die auf ein unverhofftes Wiedersehen spekulieren. Deutlicher noch die Auskunft bei einer Londoner Pressekonferenz: »Die sonst so geheimnistuerische Autorin enthüllte auch, daß Harrys Eltern nicht zurückkommen würden, und daß sie schon vor langer Zeit beschlossen habe, daß man durch Zauberei die Toten nicht wieder zum Leben erwecken könne.« (Vgl. Marc Shapiro, *Joanne Rowling. Die Zauberin hinter Harry Potter*, Nürnberg 2000, S. 133.)

»THIS IS THE PLANNING OF A WORK OF ART«: Vgl. Vladimir Nabokov, *Gustave Flaubert*, in: *Lectures on Literature*, hg. von Fredson Bowers, San Diego, New York, London 1982, S. 154. Das Lob bezieht sich auf *Madame Bovary*.

ZU KAPITEL IV

DIE INITIALEN SALAZAR SLYTHERINS UND DER D-DAY: Vgl. Elizabeth D. Schafer, *Exploring Harry Potter*, London 2000, S. 178 ff.

RITA SKEETERS VORGESCHICHTE: Vgl. Smith, *Joanne Rowling*, S. 169 f.

DIE FRIEDHOFSSZENE ALS SCHWARZMAGISCHER KITSCH: Vgl. Petra Kohse, *taz* vom 14./15.10.2000, S. 13.

BLUTRITUALE: Vgl. auch Gudrun Schury, *Lebensflut. Eine Kulturgeschichte des Blutes*, Leipzig 2001, pass.

CEDRICS LEICHNAM: In der Bergung von Cedrics Leichnam klingt das Beispiel des homerischen Elpenor an, des vom Dach der Kirke zu Tode gestürzten Freundes des Odysseus. Elpenor bittet Odysseus bei dessen Besuch im Hades um seine Bestattung.

BEGEISTERUNG QUER ÜBER GENRE-GRENZEN: Die erste russische Übersetzung Lewis Carrolls stammt von Sirin-Nabokov. Der Kinderbuchautor Ted Seuss Geisel, bekannt unter dem Namen Dr. Seuss, war nach Ansicht Nabokovs der Begabteste der gesamten Schriftstellerkonferenz, an der er 1949 teilgenommen hatte. Einen wahren Künstler verehrte er in E. B. White, dem Verfasser des Kinderbuchs *Charlotte's Web*.

ANAGRAMM VOLDEMORT: Vgl. *Das ABC rund um Harry Potter*, S. 22.

VIVIAN DARKBLOOM: Vgl. *Lolita* und Brian Boyd, *Vladimir Nabokov, The Russian Years*, New Jersey 1990, S. 596.

ALBINUS, ROSA UND BLANCHE: Vgl. Vladimir Nabokov, *Gelächter im Dunkel*, Kapitel 12.

LITERATUR ALS UNDURCHSICHTIGES GLAS: Vgl. »Frühling in Fialta«, in: Vladimir Nabokov, *Erzählungen II, 1935–1951*, hg. von Dieter E. Zimmer (Gesammelte Werke, Band XIV), Reinbek bei Hamburg 1989, S. 86.

»THAT IS A FELLOW AFTER MY HEART«: Vgl. Nabokov, *Gustave Flaubert*, in: *Lectures on Literature*, S. 147.

A TALE OF TWO CITIES: Im Schlußsatz erklärt der unglückselige Carton, der sich aus Liebe für die Frau des Verurteilten Darnay an dessen Stelle unter die Guillotine legt: »It is a far, far better thing that I do than I have ever done; it is a far, far better rest that I go to than I have ever known.« Joanne Rowling sieht darin die besten Schlußzeilen, die je geschrieben wurden. Vgl. Smith, S. 88.

DICKENS ALS ZAUBERER: »A writer might be a good storyteller or a good moralist, but unless he be an enchanter, an artist, he is not a great writer. Dickens is a good moralist, a good storyteller, and a superb enchanter, but as a storyteller he lags somewhat behind his other virtues.« (Nabokov, *Charles Dickens*, in: *Lectures on Literature*, S. 123.)

ZU KAPITEL V

HAGRIDS SCHMACH: Vgl. evhermine.de/Geruecht.htm. Harrys Relegation aus Hogwarts: Vgl. harrypotterfans.net/rumors.html. Zu anderen Gerüchten vgl. Günter W. Kienitz, Bettina Grabis, *Alles über Harry Potter* (Internet Guide), Kempen 2001, pass.

HERZSZENE VOR DEM SPIEGEL: Von dieser Passage sagt die Autorin im Bodmer-Interview, es sei die einzige, von der sie genau wisse, woher sie komme; beim Wiederlesen sei es ihr geradezu peinlich gewesen, wie viel von ihren Gefühlen sie Harry gegeben habe. Vgl. auch Bodmer, »Warum Sie Potter trotzdem lesen sollten«.

FÜNF MINUTEN MIT DER MUTTER: »I'd gabble on and at the end of five minutes I'd realize I hadn't asked what it's like to be dead. It's the selfishness of the child, isn't it?« Vgl. Smith, S. 99.

VOLDEMORTS ANGEBOT IM DREHBUCH: Steve Kloves' Skript hatte »final approval« von Joanne Rowling. Vgl. Smith, S. 178.

PYTHON, DIE DEN LÖWEN VERSCHLINGT: Die Stelle heißt vollständig: »Meine Liebe aber sah damit den einzigen Feind vor sich, von dem sie besiegt werden konnte – das Vergessen, und begann zu zittern wie ein Löwe, der in dem Käfig, in den man ihn eingesperrt hat, plötzlich die Pythonschlange erblickt, die ihn verschlingen wird.« Vgl. Marcel Proust, *Die Entflohene*, in: *Auf der Suche nach der verlorenen Zeit*, Frankfurt am Main 1979, Band IX, S. 3350.

TAFEL DER FIGUREN, ORTE UND MAGISCHEN HILFSMITTEL

FIGUREN

ARAGOG – Elefantengroße Spinne im Verbotenen Wald, die sich zwar dankbar an Hagrid erinnert, der sie aufzog, ihren Kindern aber eine ordentliche Mahlzeit mit Menschenfleisch schlecht versagen kann.

BASILISK – Riesige grüne Schlange mit Giftzähnen und tödlichem Blick, in der Mythologie aus dem Ei eines teuflischen Hahns geschlüpft; Feind der Spinnen, Freund Salazar Slytherins.

SIRIUS BLACK – Langjähriger Häftling in Askaban, gilt im dritten Band als gefährlichster Feind Harry Potters, mit dessen Vater er allerdings eng befreundet war.

DER BLUTIGE BARON – Hausgeist der Slytherins mit stierem Blick und blutbefleckter Vergangenheit. Der einzige neben Dumbledore, vor dem Poltergeist Peeves kuscht.

LAVENDER BROWN – Klassenkameradin von Ron, der ihr in der Wahrsagestunde verfängliche Fragen stellt.

FRANK BRYCE – Kriegsversehrter Gärtner, der das verfallene Anwesen der Familie Riddle betreut, in dem er eines Abends Licht bemerkt.

SIR CADOGAN – In der Hogwartsschen Gemäldegalerie lebender

pyknischer Ritter mit strengem Ehrbegriff. Fordert vorbeischlendernde Schüler zum Duell und bietet Harry, *quest*-erfahren, seine Hilfe an.

CANNONS – *Chudley Cannons*, das Quidditch-Lieblingsteam von Ron Weasley, das in den ersten vier Bänden zu lange trainiert, um nicht in einem der folgenden einmal zum Einsatz zu gelangen.

CHO CHANG – Sucherin des Quidditch-Teams von Ravenclaw; laut Lexikon heißt ihr Name auf japanisch »Schmetterling«. Erinnert etwas an Jim Knopfs chinesische Prinzessin. Wenn es nach Harry ginge, wäre es vielmehr die seine; sie tanzt auf dem Weihnachtsball jedoch mit Cedric Diggory.

PENELOPE CLEARWATER – Ravenclaw-*prefect* und Freundin Percy Weasleys; bislang kaum mehr als Trägerin eines klangvollen Namens.

VINCENT CRABBE – So tumb und stark wie Goyle. Der eine Leibwächter Draco Malfoys.

COLIN CREEVEY – Jüngerer Verehrer Harrys, den er immerzu photographiert. Wird fast Opfer eines Ungeheuers, bei dessen Anblick er versteinert. Dieses Mal hilft ihm noch der gute Alraunensaft.

BARTY CROUCH, SENIOR – Stets straff gescheitelter Leiter der Abteilung für Internationale Zusammenarbeit im Zaubereiministerium, Vorgesetzter Percy Weasleys. Bekämpfte als Strafverfolger die Voldemort-Seite mit den Mitteln des kurzen Prozesses.

BARTY CROUCH, JUNIOR – Vom eigenen Vater zu Askaban-Haft verurteilter Anhänger Voldemorts. Wird nur gesprächig unter Einfluß von Veritaserum.

FLEUR DELACOUR – Die Vertreterin Beauxbatons beim Trimagischen Turnier. Alle Jungen drehen sich nach ihr um, denn in ihren Adern fließt Veela-Blut. Tauscht einen verheißungsvollen Blick mit Bill Weasley.

DEMENTOREN – Die Wächter der Gefängnisinsel Askaban, gesichtslose übergroße Wesen in schwarzen Kapuzen, die Kälte ausstrahlen und sich von menschlichem Seelenglück ernähren. Auch Muggles bemerken ihre Nähe. Voldemort rechnet damit, daß sie auf seine Seite überwechseln.

CEDRIC DIGGORY – Der Quidditch-Kapitän der Hufflepuffs, den der Feuerkelch zum Hogwarts-Vertreter im Trimagischen Turnier bestimmt. Wird einmal zu oft einen Portschlüssel berühren.

DOBBY – Penetranter, aber gutmeinender Hauself mit großen, wenn auch verborgenen Kräften. Mit Harrys Hilfe wird er aus dem Zwangsdienst bei den Malfoys entbunden. Arbeitet nach seiner Befreiung in der Großküche Hogwarts' und plant mit Hermione erste Schritte zur Tarifsicherheit der Hauselfen. Immer geschmackvoll gekleidet, in Kissenbezüge und vielfarbige Accessoires.

ALBUS DUMBLEDORE – Mächtigster Zauberer der weißmagischen Welt und Rektor ihres renommiertesten Instituts. Vor ihm, und sonst niemandem, hat Voldemort Angst. Sein Name ist ein älteres Wort für »Hummel«, das die Autorin in einem Roman Thomas Hardys fand. Außer seiner Liebe für Süßigkeiten und Musik ist wenig über sein Privatleben bekannt. Auch er trägt eine Narbe, deren Herkunft die Zukunft weisen wird. Sein Bruder soll einen dummen Zauberstreich an einer Ziege begangen haben.

FAMILIE DURSLEY

DUDLEY – Der fettleibige und verwöhnte Sohn der Dursleys, der mit siebenunddreißig Geburtstagsgeschenken nicht zufrieden ist und seine Freude aus der Mißhandlung Harrys zieht.

MARGE (Magda) – Die Schwester Vernon Dursleys, die ihm an Bartwuchs wenig nachsteht, ihn an Haß auf Hexen und Zauberer aber noch übertrifft.

PETUNIA – Harrys Tante, die Schwester seiner Mutter Lily. Ihr Haß auf die Zauberer wurzelt in der Eifersucht auf ihre magisch begabte Schwester, die der Stolz der Eltern war.

VERNON – Harrys bulliger Onkel, der Gatte Petunias. Trotz leitender Tätigkeit in der Bohrmaschinenbranche versucht er, einen Nagel mit einem Obstkuchen einzuschlagen. Vertritt die Stimme des Volkes in Fragen der Toleranz; hat ebenso starke Vorbehalte gegen die Zauberer wie Lucius Malfoy gegen die Muggles.

FAST KOPFLOSER NICK – Hausgeist Gryffindors, der es vorzieht, wenn man ihn mit seinem korrekten Namen als Sir Nicholas de Mimsy-Porpington anspricht. Seit seiner uneleganten Hinrichtung vor fünfhundert Jahren mit einem nicht ganz abgetrennten Kopf unterwegs. Hat viel Spott der Kollegen zu ertragen und wird nicht in die noble »Jagd der Kopflosen« aufgenommen.

PHÖNIX FAWKES – Spender zweier Schwanzfedern, von denen eine im Zauberstab Harrys und die andere in demjenigen Voldemorts steckt. Kommt Harry in der Kammer des Schreckens auch durch Vergießen wundheilender Tränen zu Hilfe. Sein Namensvorbild Guy Fawkes wurde 1606 für den Versuch hingerichtet, das Parlament mit Pulverfässern in die Luft zu sprengen. Die Autorin glaubt, er sei dafür verbrannt worden; das Lexikon plädiert für den Galgen.

FETTE DAME – Sitzt in einem Wandbild und läßt niemanden in den Gryffindor-Raum, der nicht das Paßwort kennt. Als das Gemälde durch einen Eindringling zerschlitzt wird, springt der kleine Ritter Sir Cadogan für sie ein.

ARABELLA FIGG – Verrückte alte Frau aus der Nachbarschaft der Dursleys, bei der Harry gelegentlich abgegeben wird und langweilige Katzenphotos ansehen muß. Entpuppt sich später als Zauberin, die Dumbledore zur Verstärkung seines Ordens reaktiviert.

ARGUS FILCH – Hausmeister Hogwarts, der Schüler haßt, weil er als

Squib selbst keine magischen Fähigkeiten hat. Unterhält eine erklärungsbedürftig enge Beziehung zu seiner Katze Mrs Norris.

FLETCHER, MUNDUNGUS – Alter trickreicher Zauberer, der Arthur Weasley einen *hex* verpaßt, sobald dieser ihm den Rücken kehrt, und Versicherungsbetrug für ein Kavaliersdelikt hält. Wird in der Stunde der Not von Dumbledore zur Verstärkung gerufen.

FLUFFY – Der dreiköpfige Riesenhund Hagrids, der in Hogwarts einen wichtigen Wachdienst versieht. Durch eine Unvorsichtigkeit seines Herrchens erlangt die unbefugte Seite den Hinweis darüber, wie er in den Schlaf gelullt werden kann.

COLONEL FUBSTER – Der Freund Tante Marges, bei dem sie ihre Bulldogge *Ripper* unterbringt.

CORNELIUS FUDGE – Zaubereiminister in London, *faute de mieux*, weil der berufenere Albus Dumbledore sein geliebtes Amt in Hogwarts nicht aufgeben will. Klein, dick, in Nadelstreifenumhang gekleidet und aus Ehrgeiz zu Selbstbetrug, Populismus, *appeasement* und vielleicht Schlimmerem bereit.

GREGORY GOYLE – So kräftig und dumm wie Crabbe. Der andere Leibwächter Draco Malfoys.

HERMIONE GRANGER – Bücherverschlingende und scharfsinnige Tochter eines Muggle-Zahnarztpaars, die in Hogwarts Jahrgangsbeste wird. Anders als Percy denkt die Freundin Harrys weniger an die eigene Karriere als an die Verbesserung sozialer Mißstände, vor allem auf dem Elfen-Sektor.

GRINDELWALD – Wird von Albus Dumbledore im Jahr 1945 besiegt. Weitere Informationen über den Schwarzmagier gibt die Schokofroschkarte nicht preis, sie werden aber in nächsten Bänden folgen.

GODRIC GRYFFINDOR – Einer der vier Hogwarts-Gründer, Gegenspieler Salazar Slytherins, dessen Apartheid-Politik er bekämpft. Sein Notung-artiges Schwert rettet Harry in der Kammer des Schreckens.

RUBEUS HAGRID – Wildhüter in Hogwarts, hält geheim, daß er Halbriese ist, was ihm mit Füßen der Größe von Delphinbabys nicht auf Dauer gelingt. Hat einen Hang zur Bemutterung von Monstern. Seit einer Intrige Voldemorts, die zu seiner Relegation aus Hogwarts geführt hat, versteckt er die Stücke seines zerbrochenen Zauberstabs in einem großen rosafarbenen Schirm.

HEDWIG – Die Schnee-Eule, die Harrys Postverkehr regelt, ein Geburtstagsgeschenk Hagrids.

IRRWICHT (*Boggart*) – Eine Art Ektoplasma, das zwar ungefährlich ist, aber wandlungsfähig und gemein: es paßt seine Gestalt in Sekundenschnelle dem persönlichen Albtraum und größten Angstauslöser seines jeweiligen Gegenübers an – sei es ein Dementor, eine Todesfee oder Professor Snape.

BERTHA JORKINS – Angestellte im Sportministerium, die in Albanien Urlaub macht und Voldemort in die Falle läuft.

KRÄTZE (*Scabbers*) – Die lethargische Hausratte, die Ron Weasley von seinem Bruder Percy erbt und deren Alter biblisches Maß längst überschritten hat. Daß ihr ein Krällchen fehlt, bleibt allzu lange unbemerkt. Ihre *finest hour* schlägt, als sie Goyle in den Zeigefinger beißt.

VIKTOR KRUM – Der beste Quidditch-Sucher der Welt, fängt im Endspiel gegen Irland für seine Mannschaft Bulgarien den goldenen Schnatz. Gleicht insofern dem Albatros Baudelaires, als auch er nur während des Fluges elegant, auf dem Boden aber linkisch und unbeholfen erscheint. Im Trimagischen Turnier tritt er für die Zaubereischule Durmstrang an. Tanzt beim Weihnachtsball mit Hermione, für die er bedeutende Gefühle entwickelt hat.

KRUMMBEIN (*Crookshanks*) – Der große rote Kater Hermiones mit eingedelltem Gesicht und gelben Augen, der sich immer wieder auf Rons Ratte stürzt. So ungewöhnlich wie seine Augenfarbe ist auch seine Gabe des Überblicks, den er in chaotischer Lage als einziger bewahrt. Wie Mrs Norris wirft er die Frage nach dem Kern der Katzen auf.

GILDEROY LOCKHART – Fünffacher Gewinner des *Most-Charming-Smile-Award* und Verfasser der Autobiographie *Magical Me.* Erfolgreich bei Frauen, etwas weniger bei der Abwehr gegen die dunklen Künste.

NEVILLE LONGBOTTOM – Magisch mäßig, moralisch aber um so mehr begabter Schüler mit zwei linken Händen, der nicht nur von Snape bis zu Tränen gedemütigt wird. Von der Großmutter aufgezogen; seine Eltern wurden von Voldemorts Leuten in den Wahnsinn getrieben. Harry nimmt für kurze Zeit seinen Namen an.

REMUS LUPIN – Früher Freund von Harrys Vater, später begnadeter Lehrer für die Verteidigung gegen die dunklen Künste. Führt ein klassisches Doppelleben, das ihn vor silbrigen Kugeln erschrecken läßt.

MINERVA MCGONAGALL – Hauslehrerin Gryffindors im Fach »Verwandlungen«, Harrys strenge und gerechte Übermutter. Als Anima schlüpft sie in Katzengestalt, sonst ist aus ihrem Privatleben so wenig bekannt wie aus dem Dumbledores.

DRACO MALFOY – Der Sohn Lucius Malfoys, Harrys Feind in Hogwarts, immer einen Scherz über die Armut der Weasleys auf den Lippen. Wünscht Hermione zweimal den Tod.

LUCIUS MALFOY – Zauberer-Aristokrat, ein Muggle-Hasser und Anhänger Voldemorts, nie um ein Ränkespiel gegen Dumbledore verlegen. Verbirgt unter seinen Dielen verbotene schwarzmagische Artefakte, auf die Arthur Weasley noch ein Auge werfen wird.

OLYMPE MAXIME – Leiterin des französischen Instituts Beauxbatons, trifft mit einer von fliegenden Pferden gezogenen Kutsche in

Hogwarts ein. Reagiert empfindlich, als Hagrid sie auf ihre Riesengröße anspricht. Ihr Schuh hat die Länge eines Kinderschlittens.

ALASTOR MOODY (Mad-Eye Moody) – Einst erfolgreicher Aufspürer von Schwarzmagiern, hat ein Holzbein und ein frei bewegliches Röntgenauge. Bester Freund Dumbledores. Gegner unterstellen ihm Verfolgungswahn.

MUGGLES – Alle nicht magisch begabten Menschen wie die Dursleys oder die Eltern Hermiones.

MAULENDE MYRTE – Wehklagender und erst bei fremdem Mißgeschick aufblühender Geist eines in Hogwarts auf der Toilette ums Leben gekommenen Mädchens. Läuft bei Harrys Anblick verliebt silbrig an und hilft ihm bei Unterwasserproblemen.

NORBERT – Norwegischer Stachelbuckel, der in Hagrids Hütte aus einem Drachenei schlüpft. Wird durch die Verbindungen Charlie Weasleys, bevor Hagrid in Schwierigkeiten gerät, bei Nacht und Nebel aus Hogwarts entfernt. Behält Hagrid hoffentlich in dankbarer Erinnerung.

MRS NORRIS – Katze des Hausmeisters, die auch durch Tarnumhänge nicht zu täuschen ist und allem Anschein nach Gedanken lesen kann.

OLLIVANDER – Inhaber eines Geschäfts in der Winkelgasse, das seit 382 v. Chr. (fast zeitgleich mit der Geburt Aristoteles') gute Zauberstäbe verkauft. Ollivander ist ein Ästhetizist, der Voldemorts Werk unabhängig von moralischen Maßstäben beurteilt. Unzweifelhaft habe dieser mit seinem Zauberstab große Dinge vollbracht – »great things – terrible, yes, but great«. Harry ist sich nicht sicher, ob er ihn leiden kann.

PEEVES – Poltergeist mit Hang zu gefährlichen Scherzen und Schadenfreude.

PETER PETTIGREW (*Wormtail*) – Kleiner dickleibiger Zauberer aus der Freundestruppe um Harrys Vater James. Nur ein Finger von ihm findet sich nach der großen Explosion in der Londoner Innenstadt, bei der ein Dutzend Muggles in die Luft gesprengt wird. Figur mit Zügen des Tolkienschen Gollum.

MADAM POMFREY – Hüterin der Hogwartsschen Krankenabteilung. Großes Repertoire an therapeutischen Maßnahmen, kann sogar über Nacht Knochen ersetzen, die versehentlich weggezaubert wurden.

JAMES POTTER – Harrys Vater, einer der besten Zauberer seiner Generation, in Hogwarts für seine Frechheit berüchtigt. Als Animagus verwandelt er sich in einen weißen Hirsch. Sucht mit seiner Frau Lily ein Versteck vor Voldemort, das durch Verrat eines Freundes preisgegeben wird. Über die Nacht seiner Ermordung an Halloween im Jahr 1981 erfährt man von Band zu Band etwas mehr.

LILY POTTER, geb. Evans – Harrys Mutter, die Schwester Petunia Dursleys. Schulsprecherin in Hogwarts. Ollivander lobt in noch zu erhellender Anspielung die entzückende Arbeit, die sie mit ihrem Zauberstab geleistet habe. Harry hat die hellgrünen Augen von ihr. Ihr rotes Haar könnte sich zur Überraschung der Leser als Merkmal einer entfernten Verwandtschaft mit den Weasleys erweisen. Ihrem Opfertod verdankt Harry sein Überleben.

QUIRRELL – Hogwarts-Professor, stotternder Turbanträger, in eine Geruchswolke von Knoblauch gehüllt. Die Verteidigung gegen Schwarze Magie lernen die Kinder durch ihn nur sehr indirekt, aber effektiv.

MR UND MRS RIDDLE – Die Eltern von Tom Riddle senior. Reich, hochnäsig und grob, trifft sie die Strafe in Person des eigenen Enkels.

TOM RIDDLE SENIOR – Muggle-Vater des gleichnamigen Sohnes. Verläßt seine schwangere Frau, als er von ihrem Hexentum erfährt. Noch weniger beliebt als seine Eltern, mit denen er zusammen stirbt.

MR ROBERTS – Muggle-Aufseher beim Quidditch-Cup, der mit seiner Frau und zwei Kindern von den Todessern einem Schwebezauber in zwanzig Metern Höhe ausgesetzt wird. An die Todesangst wird er sich nicht erinnern, denn die schnelle Eingreiftruppe des Ministeriums manipuliert anschließend sein Gedächtnis.

SEIDENSCHNABEL (Schnäbelchen) – Hagrids Lieblings-Hippogreif, der den unflätigen Draco Malfoy in den Arm hackt und mit der Exekution rechnen muß.

RITA SKEETER (Kimmkorn) – Vertreterin der Klatschpresse, die zu ungewöhnlichen Recherchemethoden greift und dank der Findigkeit Hermiones zu einer einjährigen Arbeitspause gezwungen wird. Ihre Schmähartikel gegen Harry verschaffen Minister Fudge die Vorwände für seine Politik des Nichtstuns.

SEVERUS SNAPE – Lehrer für Zaubertränke, hatte mit Harrys Vater ein Hühnchen zu rupfen und behandelt den Sohn empörend schlecht. Analytischer Kopf und Ex-Todesser, dem Dumbledore aus noch unbekannten Gründen vertraut.

SALAZAR SLYTHERIN – Einer der vier Hogwarts-Gründer, dessen Name weder in seinem Anklang an einen portugiesischen Diktator, noch in seiner Abkürzung SS, noch in seiner Nähe zu Tolkiens Sauron und Saruman Gutes verspricht. Salazar ist der Urvater der Lehre vom reinen Zaubererblut, das gegen die Verunreinigung durch Muggle-Blut mit allen Mitteln geschützt werden müsse.

MRS SPROUT – Lehrerin für Kräuterkunde und Herrin der Hogwartsschen Gewächshäuser, in denen sie auch das Heranwachsen der Alraunen überwacht. Die Unterrichtsstunden bei ihr sind die einzigen Lichtblicke für Neville Longbottom, den begabten Herbologen.

TODESSER (*Deatheater*) – Bezeichnung für die Anhänger Voldemorts. Geheimorganisation, deren Mitglieder sich am Dunklen Mal erkennen, das in ihren Armen eingebrannt ist.

SYBILL TRELAWNEY – Professorin für Wahrsagen, esoterische Hochstaplerin mit der Erfolgsbilanz von immerhin zwei korrekten Prophezeiungen. Genießt es, Harry auf Todesomina aufmerksam zu machen.

VEELA – Unwiderstehliche Frauen mit weißgoldenem Haar, in deren Nähe die Männer wie unter Trance anfangen, sich hemmungslos zu produzieren. Wenn man sie reizt, verwandeln sie sich in wütende Harpyien mit Krallen, Vogelgesicht und Schnabel.

LORD VOLDEMORT (Tom Marvolo Riddle) – Mächtigster Zauberer der schwarzmagischen Welt, Sohn einer direkten Salazar-Nachfahrin, Vatermörder und Dunkler Lord mit verschworener Anhängerschaft. 1927 geboren, in Hogwarts reich prämiert, später in schwarzmagischen Studien auf ausgedehnten Reisen. Vermutlich auch in Südamerika; unter seiner Schreckensherrschaft, die 1970 beginnt, werden auch viele Muggles zu Tode gefoltert. Harry Potter, den er schon als Säugling ausschalten will, wirft ihn auf seinem Weg zur Unsterblichkeit auf Null zurück. Dank vampiristischer Techniken gewinnt er am Ende des *Feuerkelchs* wieder leibliche Gestalt. Teilt ein paar Geheimnisse mit Dumbledore.

DIE WEASLEY-FAMILIE

ARTHUR – Vater der Familie, die er mühsam ernährt. Kümmert sich im Ministerium darum, daß Muggles keine verzauberten Gegenstände in die Hände fallen. Sein Interesse für Details aus der Muggle-Welt ist das des passionierten Ethnologen.

BILL – Der älteste Sohn, der als Fluchbrecher bei der Gringotts-Bank in Ägypten arbeitet. Daß sich niemand an seinem Pferdeschwanz, dem Ohrring und den Sandalen aus Drachenhaut stört, deutet auf eine liberale Filialleitung hin.

CHARLIE – Der zweitälteste Sohn, herausragender Sucher im Quidditch, beruflich in Transsylvanien als Drachenfänger tätig.

FRED UND GEORGE – Die Zwillinge, deren Witz nicht nur ihr Bruder Percy zu spüren bekommt. Nach dem Hogwarts-Abschluß gründen sie einen Handel mit magischen Scherzartikeln, von dem man sich auch für das Arsenal gegen Voldemort noch manches versprechen darf.

GINNY – Die jüngste Schwester, die in Harry verliebt ist und im zweiten Band verschiedene Gründe für Tränenausbrüche hat.

MOLLY – Die kleine, rundliche Mutter der Weasleys, die Harry als Ziehsohn in die Arme schließt. Kann streng werden mit Arthur, wenn er in seiner Garage heimlich Muggle-Autos flugfähig macht. Eine verschämte Verehrerin Gilderoy Lockharts.

PERCY – Streber, Schulsprecher, Karrierist, der nach seinem Aufstieg im Ministerium den Einflüsterungen der bösen Seite ausgesetzt sein wird.

RON – Harrys engster Freund, der unter seinen erfolgreichen Brüdern und der pekuniären Beengtheit der Familie leidet. Brilliert beim Schachspiel, hat beträchtlichen Witz, liegt aber auch oft daneben und wird zunehmend eifersüchtig auf Harrys Ruhm. Wie seine Schöpferin hat er eine Spinnen-Phobie.

ORTE

ASKABAN – Gefürchtete Gefängnisinsel mit Festung und Hochsicherheitstrakt, vermutlich in der Nordsee gelegen und bewacht von den Dementoren. Insassen verfallen in der Regel nach wenigen Wochen dem Stumpf- oder Wahnsinn. Die Flucht ist ausgeschlossen, es sei denn, man schlüpft als Animagus an den Wächtern vorbei oder überlistet sie mit Hilfe der *Polyjuice-Potion* durch Personentausch. Die Voldemort-Anhänger, die hier das letzte Jahrzehnt verdämmert haben, sehen großen Umwälzungen und der Möglichkeit der Befreiung entgegen, wenn ihr Meister zurückkehrt und die Dementoren auf seine Seite zieht.

BEAUXBATONS UND DURMSTRANG – Namen der beiden Zauberei-Akademien, deren Sitz nur zu erraten ist. Beauxbatons liegt in Frankreich, Durmstrang wird von Hermione im hohen Norden angesiedelt, weil Pelzmützen Bestandteil der normalen Schulausrüstung seien. Manche Potterianer haben Estland und das Baltikum im Blick. Dem Norden mischt sich jedenfalls eine östliche (und durch den Sturm-Drang-Schüttelreim auch deutsche) Komponente bei: Durmstrangs Turniervertreter Viktor Krum tritt bei der Quidditch-Weltmeisterschaft für Bulgarien an.

DORFFRIEDHOF – Ort der nächtlichen Versammlung am Ende des *Feuerkelchs*, bei der das Grab des alten Tom Riddle eine mehr als dekorative Rolle spielt. Im Hintergrund steht auf einem Hügel das alte Riddle-Haus, in dem der Gärtner Frank im ersten Kapitel einer Unterredung lauscht; somit befinden wir uns in dem Dorf Little Hangleton. Über dessen geographische Einbettung ist so wenig bekannt wie über die von Godric's Hollow, dem Ort, an dem die Eltern Harry Potters von Voldemort aufgesucht und getötet werden.

GRINGOTTS – Die große, von Kobolden geführte Zaubererbank mit Hauptsitz in der Winkelgasse. Tief unterhalb des U-Bahn-Niveaus liegen ihre Tresore, die man über ein verzweigtes Gleissystem in Miniatur-Loren erreicht. Wer illegal die Tür eines der Sicherheitsverliese zu öffnen versucht, wird hineingesogen, sitzt in der Falle und muß mit einer langen Fastenzeit rechnen; der zuständige Kobold überprüft die Tresore nur einmal in zehn Jahren.

HAGRIDS HÜTTE – Liegt nicht in Steinwurfweite vom Schloß, wie der Film es suggeriert, sondern einen kleineren Fußmarsch entfernt. Junggesellenhaushalt, in dem es Tee und harte Kekse gibt und immer ein niedliches Ungeheuer ausgebrütet oder gefüttert wird.

HEULENDE HÜTTE – Durch einen Geheimgang erreichbar, liegt auf einem Hügel des Zaubererdorfs Hogsmeade. Verdankt ihren Namen der Tatsache, daß über Jahre hinweg einmal im Monat langgezogene Heultöne aus ihr drangen; nach Dumbledores Desinformationspolitik das sichere Anzeichen für Spuk. Schauplatz einer großen Enthüllungsszene am Ende des dritten Bands.

HOGWARTS – Weniger poetisch, als der reine Klang es vermuten läßt, bedeutet es im Original »Schweinewarzen«. Das offenbar im Nordschottischen gelegene Mutterschloß der kindlichen Zauberer ruht auf der Spitze eines Berges an einem tiefen See, mit dem es durch einen Hafen verbunden ist. Magische Vorkehrungen verhindern, daß jeder Unberufene hereinstolpern kann; ein Muggle würde anstelle des Schlosses nur eine Ruine sehen. Zauberern präsentiert es sich von außen mit vielen Türmen und Zinnen. Sein Inneres befindet sich in fortwährender Umgestaltung. Als hätten die Schulanfänger nicht Sorgen genug, können sie sich nicht einmal auf die Treppenführung verlassen und werden von blinden Türen und falschen Wänden genarrt. Ein innenarchitektonischer Kniff macht die Decke des großen Speisesaals zum täuschenden Abbild des Sternenhimmels. Jedes der vier Häuser hat seinen eigenen Gemeinschaftssaal, zu dem man nur mit Paßwort vorgelassen wird. Zum Schloß gehören etliche Ländereien, Gewächshäuser, Hagrids Hütte und der Verbotene Wald.

KING'S CROSS – Bahnhof in London mit einem magischen, mittlerweile durch Banderole bezeichneten Gleis Neundreiviertel, von dem aus am 1. September der Hogwarts-Expreß in Richtung Schottland aufbricht.

FUCHSBAU (*The Burrow*) – Das gemütliche, aus einem großen Schweinestall schief und verwinkelt in die Höhe gewachsene Haus der Familie Weasley, das sofort erleichtert in sich zusammensänke, würde es nicht von magischen Stützen gehalten. Der Garten des Anwesens erfordert permanentes *de-gnoming* – das Entfernen der stupiden, aber scharfzähnigen Gnome, die ihn untertunneln und durch die Luft gewirbelt werden müssen, damit sie die Orientierung verlieren, nachts aber in geschlossenen Reihen wieder durch die Hecke zurückkriechen.

LIGUSTERWEG (*Privet Drive*) – Straße in dem englischen Pendlervorort des gehobenen Mittelstands, in dem die Familie Dursley lebt und Harry ab dem elften Lebensjahr nur noch seine Ferien verbringen muß. Die genaue Postadresse ist: Ligusterweg 4, Little Whinging, Surrey.

STADION DER QUIDDITCH-WELTMEISTERSCHAFT – Wird aus einem einsamen englischen Moor gestampft und großflächig durch Muggleabwehrzauber geschützt. Organisatorische Meisterleistung; hunderttausend Besucher reisen gestaffelt auf den eigens dafür abgeholzten Apparationsplatz oder per Portschlüssel an. Dennoch bleibt genügend Arbeit für die Obliviatoren, die das Gedächtnis jener Muggles verändern müssen, die zuviel gesehen haben.

VERBOTENER WALD – Grenzt an die Hütte Hagrids, wird bewohnt von Einhörnern, Zentauren und Aragog mit Familie. Hierhin flüchten die Spinnen aus Hogwarts, als die Kammer des Schreckens geöffnet wird, und hier wird Harry Zeuge einer ersten unfreiwilligen Blutspende.

WINKELGASSE (*Diagon Alley*) – Die Haupteinkaufsstraße in London für Zaubereibedarf. Zugang durch die Backsteinmauer im Hinterhof des »Tropfenden Kessels«. Harry besorgt dort seine Schulbücher bei *Flourish & Blotts*, seinen Umhang bei *Madam Malkin's Robes for All Occasions*, seinen Zauberstab bei Ollivander. Die neuesten Besen-Modelle stehen im Schaufenster von *Quality Quidditch Supplies*, in der *Magical Menagerie* kann man zwischen Eulen, Ratten und Katzen wählen, und in *Florean Fortescue's Ice-Cream-Parlour* hilft der Inhaber persönlich bei Hausaufsätzen über mittelalterliche Hexenverbrennung.

»ZU DEN DREI BESEN« – Beliebtes Lokal in dem nahe Hogwarts gelegenen Hogsmeade, dem einzigen nur von Magiern bewohnten Ort Großbritanniens, zu dem Harry vorwiegend im Tarnmantel und durch Geheimgänge gelangt. Unsichtbar, kann er hier das Gespräch zwischen Hagrid und Fudge über den Geheimnisverrat belauschen, der zur Ermordung seiner Eltern führt.

»ZUM TROPFENDEN KESSEL« – Von außen schäbig wirkendes Zauberer-Pub in London, das den Übertritt zur magischen Welt der

Winkelgasse erlaubt. Angeschlossen ist ein Hotelbetrieb, von dem Harry im dritten Band Gebrauch machen darf.

MAGISCHE HILFSMITTEL

BESEN – Weniger Transportmittel als Sportzubehör, obwohl er auch außerhalb des Quidditch benutzt werden kann. Die neuesten Modelle sind der »Nimbus 2001« und das verbesserte Nachfolgemodell »Feuerblitz«, früher flog man auf »Silberpfeil«, »Komet« oder »Sauberwisch«. Verlangt Pflege und kann im Flug, schwarzmagisch manipuliert, zur Todesfalle werden.

EULEN – Die privaten Postboten der magischen Welt, fliegen auch Zeitung aus, verlangen dafür aber Lohn in hartem Knut.

FIDELIUSZAUBER – Komplizierter Pakt zum Schutz eines geheimen Rückzugsorts. In origineller Variante des Realismus-Idealismus-Problems entzieht sich dieser Ort der Fremdwahrnehmung, sobald er im Hirn eines ausgesuchten Geheimnisbewahrers versteckt wird. Solange der Fidelius-Träger seinem Namen gerecht und nicht zum Verräter wird, bleibt der reale Ort für den Verfolger unsichtbar.

FLOHPULVER (*Floo-Powder*) – Hat nichts mit dem Floh, aber alles mit *flue*, dem Kamin, zu tun, durch den man nach Benutzung des Pulvers im Hui gezogen wird, um in dem gewünschten Zielkamin wieder zu landen. Fehleranfälliges Transportmittel; bei seiner ersten Reise mit ihm wird Harry in einen Laden der *Knockturn Alley* versetzt, das Schwarzmagie- und Rotlichtviertel jenseits der Winkelgasse. Die Weasleys bedenken bei ihrem Besuch bei den Dursleys nicht, daß die Kamine in modernen britischen Haushalten stillgelegt und von außen verkleidet sind.

FORD ANGLIA – Muggle-Auto, das Arthur Weasley in seiner Freizeit dank selbstgeschaffener Gesetzeslücken nicht ganz illegal zum fliegenden Fahrzeug umrüstet.

KARTE DES RUMTREIBERS (*Marauder's Map*) – Das GPS der Zaubererwelt: ein magisches Pergament, das den Aufenthaltsort aller Hogwarts-Bewohner mit Tintenpünktchen und vollem Namen anzeigt. Läßt sich durch keinerlei Tarnmaßnahmen täuschen. Das Gewimmel der vielen hundert bewegten Kleckschen muß die Einzelortung schwieriger machen, als man es sich vor Augen führt.

KETTENLÖSER – Magischer Dietrich, Weihnachtsgeschenk für Harry, das Türschlösser öffnet und Ketten löst. Wäre überflüssig, käme Harry nicht zukünftig als Gefangener in eine Notlage, in der er sich seiner dankbar erinnern könnte.

KRISTALLKUGEL – Arbeitsgerät der Professorin für Wahrsagekunst mit umstrittener Trefferquote.

PATRONUS – Abwehrmittel gegen Dementoren, entquillt als silbriger Hilfsgeist der Spitze des Zauberstabs nach tiefer Konzentration auf eine glückliche Erinnerung. Als psycho-physiologische Technik in ähnlicher Form auch bei »Der Weg zum Erfolg«-Seminaren der Muggle-Welt bekannt.

PORTSCHLÜSSEL – Beliebiger Gegenstand, der so präpariert werden kann, daß er zu einer zuvor festgelegten Uhrzeit durch Berührung aktiviert wird und den Passagier zu einem ebenfalls festgelegten Zielort trägt. Hunderte davon sind nötig, um die Anreise des Publikums zum Quidditch-Cup zu ermöglichen. Was die Rückreise betrifft, sind die technischen Angaben widersprüchlich.

SPICKOSKOP (*pocket-sneakoscope*) – Kleiner gläserner Detektor, der aufleuchtet und pfeift, wenn eine übelwollende Person in der Nähe ist. Harry bekommt ein billiges Exemplar von Ron Weasley aus Ägypten verehrt. Ideales Mittel, um Verdacht zu steuern und fehlzulenken.

SPIEGEL NERHEGEB (*Mirror of Erised*) – Von hinten nach vorne zu lesender Spiegel, der dem Betrachter dessen tiefsten Herzenswunsch zeigt. Der wunschlos Glückliche sähe sich wie in einem normalen Spiegel. Harry sieht seine Eltern, Ron sieht sich als mit Pokalen beladener Schulsprecher und Mannschaftskapitän. Albus Dumbledore sieht, wenn er nicht flunkert, Albus Dumbledore plus ein Paar Wollsocken.

STANDUHR MRS WEASLEYS – Hat neun goldene Zeiger, für jedes Mitglied der Familie einen, und gibt deren jeweiligen Standort an: »Schule«, »Arbeit«, »Krankenhaus«, »Gefängnis«. An der Stelle, wo sich sonst die Ziffer Zwölf befindet, warnt die Anzeige »Tödliche Gefahr«. Weasley-untypischer Luxus, wenn sie nicht irgendwann alle Zeigermöglichkeiten ausschöpfen würde.

TARNUMHANG – Ein Erbstück von seinem Vater, das Harry durch Dumbledore ausgehändigt bekommt. Leicht wie Seide; macht seinen Träger unsichtbar. Nur Mad-Eye Moody sieht durch ihn hindurch, und Katzen scheinen zu spüren, daß etwas unter ihm Wellen ausstrahlt.

VERITASERUM – Zaubertrank, von dem drei Tropfen genügen, um den damit Bedachten zum hemmungslosen Ausplaudern der Wahrheit zu bringen. Sein größter praktischer Vorteil besteht darin, daß der Leser über die geheimen Taten des Bösen aus dessen eigenem Mund informiert werden kann.

VIELSAFT-TRANK (*Polyjuice-Potion*) – Mit Hilfe dieses aus Blutegel, Florfliege, Baumschlangenhaut, Zweihornmehl und anderen Ingredienzen zusammengesetzten Zaubertranks kann sich der Benutzer in die Gestalt einer gewünschten Person verwandeln. Wie beim Voodoo-Zauber oder der Gen-Analyse in der Muggle-Welt muß von dieser Person eine Winzigkeit vorliegen, notfalls nicht mehr als ein Haar, das dann freilich nicht verwechselt werden sollte. Die Wirkung verliert sich rasch, wenn nicht immer wieder nachgetrunken wird. Personen mit auffällig zerzauster Halbglatze sind ein Hinweis darauf, daß seit langem ein anderer in ihrer Gestalt wandelt.

ZAUBERSPRÜCHE – Nur wirksam in Verbindung mit dem Zauberstab. Die wichtigsten der in Küchen-Latein gehaltenen Formeln: Das Gedächtnis löscht der Vergessensfluch »Amnesia«, für Entwaffnung des

Gegners sorgt »Expelliarmus«, Feuer entzündet »Incendio«, und wer einen entfernten Gegenstand zu sich hergleiten lassen will, ordert ihn durch »Accio«. Die verbotenen Flüche machen den Feind durch »Imperio« zum willenlosen Sklaven, bereiten ihm mit »Cruciatus« unerträgliche Schmerzen und töten ihn durch einen grünen Laserblitz mit »Avada Kedavra«.

ZAUBERSTAB – Wird nicht ausgesucht, sondern sucht sich seinen Träger selbst. Sprüht in Harrys Händen bei der ersten Berührung rote und goldene Funken; die Hausfarben Gryffindors. In seinem Innern befindet sich Veela- oder Einhornhaar, Drachenherzfaser, Phönixfeder, oder was an magischen Materialien sonst noch aufzutreiben ist. In Muggle-Händen wäre er vermutlich wirkungslos, denn er verstärkt nur natürliche Kräfte. Dennoch sind nur die mächtigsten Zauberer – Harry Potter, Dumbledore, Voldemort – befähigt, auch ohne ihn achtbare magische Effekte zu erzielen – Tanten zu Luftballons anschwellen zu lassen, für Festbeleuchtung zu sorgen oder das eigene Überleben in Schlangenkörpern zu gewährleisten. Schärfste Vorschriften des Ministeriums sollen verhindern, daß jemals ein Hauself in seinen Besitz gelangt. Zum Priori Incantatem-Phänomen kann es kommen, wenn zwei gleichartige Modelle sich gegenseitig bedrohen; der schwächere muß dann der Reihe nach rückwärts seine letzten Befehle preisgeben.

ZEITUMKEHRER (*Time-Turner*) – Vom Zaubereiministerium nur in Ausnahmefällen genehmigtes Instrument zur Rückbeförderung in die jüngste Vergangenheit. Ein kleines an einer Goldkette hängendes Stundenglas wird für jede gewünschte Minus-Stunde einmal im Kreis gedreht. Der Benutzer darf anschließend nicht gesehen werden, wenn er das Knäuel von Paradoxien vermeiden will, in dem sich der Zeitreisende zu verstolpern pflegt. Das hindert seine Hauptanwenderin nicht daran, inmitten der Schülermengen hin und her zu springen, auch wenn sie dabei Hunderten von Augenpaaren ausgesetzt ist.

DANK

Thomas Bodmer danke ich für die Erlaubnis, aus seinem Interview mit Joanne K. Rowling zu zitieren. Für genaues Gegenlesen danke ich Thomas Poiss. Etwas mehr als Lektorat, nämlich fortlaufende Korrektur und Supervision leistete mit nie versagender Geduld Nikolaus Heidelbach, dem mein größter Dank gilt.